U0111052

大展好書　好書大展
品嘗好書　冠群可期

大展好書　好書大展
品嘗好書　冠群可期

鑑賞系列

15

黃河彩陶紋飾

（黃河彩陶紋飾鑑賞）

●李志欽 著

鑑賞與收藏

品冠文化出版社

國家圖書館出版品預行編目資料

黃河彩陶紋飾鑑賞與收藏 ／ 李志欽　著
　　——初版，——臺北市，品冠文化，2016〔民105.01〕
　　　面；26公分 ——（鑑賞系列；15）
　　　ISBN 978－986－5734－39－8（平裝）
　1.彩陶　2.藝術欣賞
　799.54　　　　　　　　　　　　　　　　　104018439

黃河彩陶紋飾鑑賞與收藏

著　　者／李志欽

責任編輯／陳　濤　張李松

發 行 人／蔡孟甫

出 版 者／品冠文化出版社

社　　址／台北市北投區（石牌）致遠一路2段12巷1號

電　　話／（02）28233123・28236031・28236033

傳　　眞／（02）28272069

郵政劃撥／19346241

網　　址／www.dah-jaan.com.tw

E - mail ／ service@dah-jaan.com.tw

承 印 者／凌祥彩色印刷有限公司

裝　　訂／眾友企業公司

排 版 者／弘益電腦排版有限公司

授 權 者／安徽美術出版社

初版1刷／2016年（民105年）1月

定　價／550元

序

　　李志欽先生是一位非常有造詣的山水畫家，同時還是一名美術教育工作者。近二十年來，他熱衷於甘肅彩陶的收藏及其紋飾的研究，並取得很大成就。今天看到李志欽先生《黃河彩陶紋飾鑑賞與收藏》的書稿，回想起與他的相識，已過去整整十年。

　　1999年，他在北京辦完個人畫展後，在王府井書店看到我的一本關於青銅器的著作，便打電話和我聯繫，並說自己藏有一批史前彩陶，想捐給中國農業博物館。當時，我正好負責中國農業博物館藏品徵集工作，彩陶與遠古農業有很深的關係，於是我就說通館領導接收了李先生收藏的230餘件馬家窰文化彩陶。我的研究方向重點是青銅器，自從看到這些彩陶後，對史前文化的彩陶也產生了濃厚的興趣。

　　彩陶是華夏原始文明裏一朵絢麗的奇葩。甘肅彩陶是黃河古文明燦爛文化的重要組成部分。在新石器時代，彩陶是黃河流域以農業生產為主的遠古先民因生活需要而創造的。在深厚的黃土地上，粟文化和陶文化成為黃河文化的主要象徵。

　　彩陶於1921年在河南澠池仰韶文化遺址的發掘中被首次發現。在長達5000多公里的黃河流域，都有彩陶分佈。尤其在黃河中上游的甘肅境內，從8000年前的大地灣開始到河西地區延續了5000多年。這一區域是新石器時代彩陶遺址數量最多、彩陶類型最全的地區，出現了眾多的文化類型和精美的彩陶，匯成了一條遠古的彩陶歷史文化長河。

　　黃河流域的彩陶紋飾是中國最早的美術繪畫作品之一。李志欽先生作為畫家和美術教育工作者，對史前彩陶有著自己獨特的理解，並把研究心得運用到他的藝術創作和教學中，實屬難能可貴。尤其是他把收藏的230餘件彩陶捐獻給國家，更值得崇敬。

　　在本書裏，他憑藉藝術家的視野，以甘肅馬家窰文化彩陶為主線，對彩陶文化進行了全方位的梳理，從8000年前大地灣文化開始，一直到2600年前甘肅河西沙井文化後彩陶的消失。特別是他將彩陶紋飾分為魚紋、人面紋、

鳥紋、水紋、太陽紋等十大紋飾並進行美學上的分析、研究，很有新意。

他還對史前彩陶紋飾的起源進行了大膽的探索及聯想，並把它與黃河石和中國畫進行對比，問根尋源，在彩陶研究方面走在了同行的前列。

越是古老的，越具有現代性，繼承傳統是一切藝術創作和創新的基礎。遠古史前彩陶文化無疑是傳統文化中的優秀代表，是最早的美術作品，也是工藝美術設計的先聲。應該發揚光大，古為今用。

《黃河彩陶紋飾鑑賞與收藏》一書，洋溢著志欽先生對彩陶文化的景仰和熱愛之情，集中體現了他多年苦心孤詣的研究成果。該書的出版，能為當今彩陶學研究起到一定的作用，也為彩陶收藏者和藝術創作者以及美術院校的師生提供了鑑賞和研究的寶貴資料。因此我認為，此書對史前彩陶文化研究有著重要意義。

賈文忠
於京東銅齋

 目 錄

緒　論

　　有河流就會有生命的存在，河流和森林是早期人類賴以生存的條件，也是文化發展的基礎，直至今日，仍是如此。世界上所有的文明古國都與河流、森林有密切關係，兩河文明、尼羅河文明、黃河文明、印度河文明都源於河流而世代繁衍生息。

　　中國北方是華夏文明的重要發祥地。據地質學家們研究考證，地球上有人類以來，北方氣候就溫暖濕潤，多沼澤、森林，比南方更適宜人群的居住。北方的黃河流域，主要包括青海、甘肅、陝西、山西、河南、河北、山東等地。從新石器時代開始，當時最先進的裴李崗文化、磁山文化、大地灣文化、仰韶文化都在北方地區蓬勃發展，尤其是仰韶文化，它分佈範圍之廣、延續時間之長，在中國文化史上是空前的。仰韶文化實際上就是炎黃文化，以黃帝文化和炎帝文化為主。據《史記·五帝本紀·索隱》：「有土德之瑞，土黃色，故稱黃帝，猶神農火德王而稱炎帝然之。」炎帝猶火，火色赤，故炎帝亦稱赤帝。這個民族以赤色為標誌，赤色是炎帝文化的特徵。炎、黃二帝都是在黃河流域發展壯大的。

　　據史料記載，偉大而古老的華夏文明在北方孕育和發展，深厚的文化底蘊使北方成為中華民族的搖籃，產生了燦爛的文化和早期的文化名人。自黃帝以來，中國早期的文化名人、聖賢都出自北方。他們創造文字、樂器，以及發明了製作舟、車、弓、矢等技術。《禮記》中所說的「六君子」──禹、湯、文、武、成王、周公也出在北方。夏、商、周、秦、漢、唐諸朝的中心亦在北方。儒家的代表人物孔子、孟子，道家的創始人和代表人物老子、莊子，法家代表人物管子、商鞅、韓非子，墨家學說的創始人墨子等都是北方人。

　　文字是國家文明的開端，是文化進一步發展的基礎。從史前彩陶上的刻畫符號到甲骨文、吉金文，都是孕於黃河流域，所以說，黃河是中華文明的搖籃，是中國的母親河。

　　黃河是史前文明的主要發祥地，曾孕育了光輝燦爛的彩陶文化。彩陶是在陶器基礎上發展起來的，由器形和紋飾構成。關於彩陶的起源，中外學者已做過大量的研究，並提出多種理論。彩陶的起源和藝術的起源基本同步，如「巫術」、「氏族」、「圖騰」、「模仿」、「勞動」、「性愛」等，陶器的出現是人類發展史上的重大進步，也是人類邁向文明門檻的見證。

　　古代先民在勞動生活中通過對土壤的開墾和接觸，逐漸認識並掌握了黏土的可塑性能，在長期用火的實踐中懂得了土塊經過燒烤之後會變得堅硬，於是先民嘗試將黏土製成泥坯，把它燒製成能盛放液體並耐火燒的陶器，這是人類在與大自然鬥爭中獲得的一項發明。

　　據專家推斷，在原始社會早期，人類不懂得使用火和農耕之前，食用野果和獵到的動物生肉充饑。自然發生的森林大火，燒熟了動物的軀體，原始人食後感覺口味比生肉更加鮮美且容易消化，就開始試著保留火種，把獵物生肉燒成熟肉食用。燒火後地下的黏土變得堅硬而不易滲水，於是先民就用黏土仿做成葫蘆瓢的用具來盛水、取水或煮食物。這都是先民在勞動生活中得到的啟發。陶器的出現促進了原始人類的發展，也豐富了他們的物質生活，在陶器的製作中，人類的智慧、審美創造性都得到了發揮，做出的產品也大大豐富了人們的精神生活。

　　中國是世界上最早出現陶器的地區之一。1999年日本青森縣大平山遠貴遺址中出土了世界上最早的無彩陶器，經碳14測定，距今為1.65萬年至1.49萬年。後在俄羅斯遠東至西伯利亞的一些遺址中，出土了距今13000多年的陶器。

　　中國最早的陶器於1977年在江蘇溧水縣神仙洞遺址出土，為泥質紅陶，經碳14測定，年代距今1.23萬年左右。在中國的江西萬年仙人洞和廣西桂林甑皮岩都發現了年代很早的陶片和陶器。在早期陶器的發展中，彩陶工藝還很不成熟，彩陶的生產技術水準還不具備，真正的陶器產生四五千年後才出現彩陶。從發明陶器到出現彩繪陶器，又是一個長期摸索、反覆試驗、不斷改進和完善的過程。彩陶最早還是出現在北方地區，在西北地區尤為繁榮昌盛。

　　經過考古發現，1972年首先發現於河北武安縣磁山而得名的磁山文化（磁山遺址中發現了一片紅彩曲折的陶片），1977年首先發現於河南新鄭縣裴李崗而得名的裴李崗文化和陝西省華陰縣城西南渭河支流西沙河東岸發現的老官台文化，均是中國黃河流域已發現的新石器時代遺址中年代較早的文化。在這些遺存中發現出土的陶器的上面以篦紋、劃刻、繩紋見長，彩繪較少。分佈在甘肅、陝西兩省的渭河、涇水流域的老官台文化遺址也很少有彩繪陶出現。大地灣一期遺存雖有彩陶，但數量很少，且花紋樣式簡單，顏色灰暗，這表明當時的彩陶處於初創階段。

　　1912年瑞典地質學家安特生教授應聘來華，任北洋政府農商部礦政司顧問。他於1921年在河南澠池縣仰韶村遠古遺址發現了中國第一批彩陶，並以此命名了中國的第一個考古學文化——仰韶文化。為了尋找仰韶文化的歷史脈絡和她的文化延續關係，安特生沿黃河而上，到達甘肅等地，經過為期兩年的考古發掘，1923年在甘肅蘭州等地發現了甘肅的仰韶文化遺址和馬家窯文化遺址。中國幾代考古工作者的考古發掘研究成果表明，安氏當時認定的仰韶遺存大多屬於馬家窯文化，而馬家窯文化是仰韶文化的發展和延續。所以甘肅的史前文化既有仰韶同期的文化遺存，也有由仰韶

文化發展而來的馬家窯文化。總之，中國彩陶的精華還是在仰韶文化時期。仰韶文化
地域分佈廣，延續時間長，按照各地的差異又可分為半坡類型、廟底溝類型、後岡類
型、大司空類型、西王村類型、大河村類型和馬家窯類型。馬家窯文化的彩陶以她的
種類之多、品質之高和延續時間之長被史學家稱為「甘肅的仰韶文化」。

　　馬家窯文化的彩陶，在其他文化類型的彩陶消失後還延續了近3000年。馬家窯
文化各個時期的彩陶繁花似錦，是史前彩陶之冠，甘肅又是中國史前彩陶的主要出土
地區，所以，本書把重點也放在了馬家窯文化彩陶的研究上。

　　一直以來，藏寶於民是人們的共識。讓人們懂得鑑賞史前彩陶的藝術價值、收藏
價值以及提高辨別真假的能力，是當前彩陶收藏與研究的首要任務。本書對史前彩陶
起源的探討、猜測和聯想能否起到拋磚引玉的作用，引起人們的注意和研究？在大量
的彩陶遺存中，是否能看出它們和黃河奇石、民間美術以及中國畫藝術的發展有某種
關係和影響？

　　藝術源於生活，源於大自然，是天人合一的產物。道法自然，是人類發展的基本
規律，也是藝術的最高境界。

馬家窯類型漩渦紋彩陶甕　　　國家博物館收藏

這件出土於甘肅省積石山縣三坪黃河南岸高臺
上的彩陶甕，被稱為「彩陶王」。這一帶的地勢險
峻，兩岸奇峰突兀，黃河水激蕩於石峽之間，渦流
急轉，濤聲如吼，浪高如山。這一特殊的地理位置
產生了人類歷史上輝煌的史前文化彩陶。這件彩陶
甕上的圖案就像是出峽的河水，是黃河千層激浪和
萬丈狂瀾流動不息的真實寫照。

華夏彩陶的起源

——大地灣文化

　　大地灣文化彩陶是中國目前發現最早的彩陶，距今7800—7300年，是黃河流域新石器時代早期的文化遺存。大地灣位於甘肅省秦安縣邵店村東，遺址面積十二萬多平方米。它對我們瞭解渭河流域新石器時代文化的基本內涵、發展脈絡及其相互關係，具有重要的意義。它的出現為研究中國彩陶起源問題提供了珍貴的實物資料。在其早期文化遺存中，不僅發現了早期原始人的生活工具、石器、陶器，還有人類居住的半地穴式的圓形房子，並且在屋穴中發現了黍和油菜籽，說明當時的農業已經有了一定的規模。大地灣是遠古時期中國最發達的農業地區之一。

　　大地灣文化的陶器，主要以模具敷泥法製成，大多數的造型脫胎於葫蘆形。這說明黃河流域最初的陶器造型是受葫蘆的啟發。大地灣文化陶器的陶坯是用分層敷泥法製成，陶質酥鬆，胎心為夾有均勻細砂的泥料，器表使用較細的不含砂的泥料，經過碾壓、沉澱，然後通體敷成，使陶器表面細潤光滑，以便在陶器上繪製花紋圖案。大地灣人最早掌握了在陶器上燒製彩色紋飾的技術。他們用赤鐵礦研磨成的赭紅色，鮮豔似火，令人興奮。繼而又用鐵和錳著色素，製成微帶褐色的黑色顏料，莊重的黑色成為陶器彩繪的主要色彩。大地灣早期的文化陶器種類較少，而且彩陶紋樣十分簡單，在口沿外繪製一圈紅色寬帶紋，口沿內繪製一圈紅色窄帶紋，這是中國彩陶史上最早的花紋樣式。

　　文字的出現是人類進入文明社會的主要標誌。大地灣文化彩陶上繪有的紅色符號，折射出人類文明的曙光，也是中國文字的雛形。已發現的各種符號有十多種，大部分屬於指事性質的符號，有的符號還可能與記數的數字有關。因為半坡類型和馬家窯文化彩陶的連續發展，這種符號的種類也開始增多，而且

三足圓底彩陶缽　　　　甘肅省博物館收藏

　　距今約8000年的三足圓底彩陶缽，是大地灣文化的陶器代表，由缽腹至底部滿施交叉繩紋，口沿外周圈抹光，上面繪紅色寬帶紋，紋飾雖然簡單，但「一畫開天」，中華大地上升起了彩陶的曙光。

還出現了較多繁雜的符號及文字形。在黃河上游遠古文化的彩陶上，這類指事性的符號延續了兩千多年，在馬家窰文化類型中均有不同程度的體現，直到甲骨文的出現。

甲骨文是包括象形、指事、會意等因素的可辨認的成熟文字。大地灣文化彩陶上的指事符號，可以說是甲骨文文字中指事因素的源頭，這為研究中國文字的起源發展提供了非常珍貴的實物資料。

大地灣文化彩陶的出現，證明了中國的彩陶是從本土發展起來的，並不像過去曾有人認為仰韶文化的彩陶是由中、西亞經新疆和河西走廊傳入中國的。所以，大地灣文化彩陶的發現，提早了中國彩陶出現的時間，打破了「彩陶西來說」的觀點。

繩紋紅陶圓足碗　　　　甘肅省博物館收藏

大地灣文化是黃河流域最早出現陶器的古代文化之一。陶器多為夾細砂紅陶，主要特徵是在陶器表面印有交叉的繩紋。陶器的出現是人類社會進入新石器時代的標誌之一，也證明了人類已進入定居的農業生活時期，所以中國古代就有「神農耕而作陶」的傳說。由於陶器給原始人的生活帶來了很多方便，所以原始人非常精心地製作了各種生活陶器，並進行了繪畫裝飾。

彩陶符號陶片、陶缽
甘肅省博物館收藏

大地灣文化的一些彩陶缽內繪有「↑」、「＋」、「×」、「∥」等十餘種紅色符號，大多屬於指事系統。它們是大地灣文化的人們約定俗成的示意性符號，是仰韶文化早期西安半坡類型彩陶缽刻畫符號的前身，也是中國文字的源頭和初創。

東方原始藝術精華

——仰韶文化

　　仰韶文化距今6000—4500年，考古工作者於1921年在河南澠池仰韶村遺址發現中國第一批彩陶。這是運用現代考古學的方法在中國大地上進行的第一次正式發掘，所以，中國現代考古學在一定意義上講是以研究發掘彩陶文化為開端的。

　　仰韶文化遺址主要分佈在黃河中游、渭河、汾河流域，包括河南、陝西、甘肅、山西等地區，是中原新石器時代文化的典型代表。由於仰韶文化的分佈範圍較廣，所以在不同流域先後出現早、中、晚三個階段。早期主要是半坡類型，中期是廟底溝類型，晚期是馬家窯、大河村、秦王寨、後岡、大司空等文化類型。

　　仰韶文化，實際也是黃河流域比較發達的原始農業文化。據考古專家推斷，多數學者認為仰韶文化中後期已進入父系氏族社會，生產關係發生了一定的變化。馬家窯類型是黃河上游主要的文化遺存，分佈範圍極為廣泛，而且延續的時間長，所以本書把仰韶文化的馬家窯類型作為重點予以介紹。

　　仰韶文化彩陶紋飾的發展從寫實到抽象，符合人類從認識世界到改造世界的客觀規律。人類在認識世界的過程中，首先感受到的是真實的世界，天上的鳥、水中的魚、山上的樹、地上的草，無一不栩栩如生、生機盎然。進而，人類進一步認識到各種事物的不同本質和規律，於是出現了諸如從魚紋到菱形，從花草到不同弧形的變化，從寫實發展而來的各種各樣抽象圖案，可窺見人類祖先認識世界和改造世界的歷程。

豬面紋細頸壺　　　　　甘肅省博物館收藏

　　出土於甘肅省秦安縣王家陰窪的半坡類型彩陶壺，上腹繪有兩個連續的豬面紋，繪畫手法奇特：把互連的豬巧妙地共用一隻眼睛，並用誇張的手法表現豬的橫鼻特徵。半坡類型彩陶上的動物形紋樣，多與原始宗教的信仰有關，誇張威猛的豬面紋則象徵逢凶化吉。

半坡類型

半坡類型因首先發現於陝西省西安市半坡村而得名。距今 6700─4800 年，屬於仰韶文化的早期，分佈在渭河和涇河流域一帶，是繼大地灣文化後發展起來的又一文化類型。甘肅的遺址除了大地灣二期，還有天水秦安的王家陰窪、正寧管家川、莊浪徐家碾等遺址。

根據考古，我們發現，半坡類型彩陶時期已經出現專業的製陶繪畫人員，使以後彩陶圖案的繪製得到了傳承。半坡類型的彩陶紋樣主要有幾何紋樣和動物紋樣兩大類：幾何紋樣主要源於編織物的紋理，有三角紋、寬帶紋、波折紋、網格紋等，多為造型規整、結構縝密的二方連續圖案；動物紋樣主要有魚、鹿、鳥、蛙、羊、豬等，大多以單獨動物繪製而成。半坡類型彩陶的紋樣運用了以意造型的表現手法，由寫實形圖案演變成示意的抽象形圖案。圖案意象奇特，裝飾意味強，還流露出原始童真的稚趣。

黃河中下游的黃土高原地帶，渭河河谷最寬。由於

半坡類型寬帶紋碗　　　　　　　　　　　私人收藏

碗口外的黑色寬帶紋雖然簡單，但「一畫開天」，中華大地上升起了彩陶的曙光，由此而出現的黃河彩陶文化聞名於世。

廟底溝類型鉤羽圓點紋彩陶盆　　　正寧縣博物館收藏

史前文化彩陶進入廟底溝類型，鳥紋成為彩陶的主要紋樣。廟底溝類型晚期彩陶盆上的圖案，擺脫了早期的對稱式，多有活潑自如和不對稱的動態圖案結構。陶盆滿飾弧形的鉤羽圓點紋，展開在自由流動的圖案格式中，組成翻回交錯的紋飾，以旋風般的律動手法，舒展出變幻多端的長卷式圖案。鳥紋已完全變成幾何形，正面鳥紋減縮為圓點，被組合在傾斜和富有動態的圖案中，顯示出廟底溝類型彩陶特有的奔放、活潑的藝術風格。

廟底溝類型人面紋圓捲唇盆　　　甘肅省博物館收藏

　　出土於甘肅秦安大地灣遺址，屬於仰韶文化廟底溝類型細泥質紅陶。用黑彩繪人面紋，似人的雙眼，器型莊重，裝飾華麗，反映出廟底溝類型早期明顯的對稱裝飾手法的特點。

廟底溝類型花紋彩陶豆　　　河南省博物館收藏

　　仰韶文化的廟底溝類型可能就是形成中華民族核心的人們的遺存。廟底溝類型的主要特徵之一的花卉圖案可能就是中華民族得名的由來。中華民族從遠古就是一個愛花的民族。在史前各個文化類型的彩陶上都有花圖案的表現。

經常洪水氾濫，渭河兩岸形成了肥沃的沖積扇，不僅為農業耕種提供了肥沃的土壤，也為先民製作陶器提供了優質的陶土。這裏的土質鬆軟，純淨無雜質，潤如橙黃色粉糕，質地細且具有柔韌性。先民們在這一方充滿靈氣的厚土上，創造了燦爛的彩陶文化。

廟底溝類型

　　廟底溝類型是 1953 年在河南陝縣廟底溝被發現的，因這一類型遺址而得名，距今 5600 年左右。廟底溝類型的彩陶是黃河彩陶中分佈地域最廣的，幾乎包括整個黃河中上游，波及面東到黃河下游，南至長江中游北岸。

　　廟底溝類型的中心在陝、豫、晉的臨界地區，位於昌茂雄偉的自然環境中，氣勢磅礴的黃河賦予廟底溝先民豪邁靈動的氣概，創造出了妙趣橫生、自由奔放等各種風格的彩陶。甘肅廟底溝類型彩陶遺址以大地灣為代表，此外還有莊浪徐家碾、隴西西二十里鋪、甘谷西坪、秦安寺嘴坪、天水羅溝、武山灘兒下、臨洮北鄉、寧縣王莊王嘴等遺址。

　　廟底溝類型的花紋多以弧曲的線、面組成，因此其風格

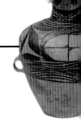

陝西秦王寨彩陶缽　　　　私人收藏　　**河南大河村彩陶缽**　　河南省博物館收藏

圓潤而流暢，與半坡時期迥然不同。此時的裝飾題材多以植物為主，通常由植物的花朵或葉片組成二方連續圖案，環繞在器物周身，也有放射形或層疊佈局的圖案。這種植物紋的組合極富變化，幾乎找不到兩幅完全一樣的圖案。

廟底溝類型各種各樣的鳥紋和解體的或重新組合的變體鳥紋，以旋轉翩舞的形態占滿彩陶的圖案空間。一些彩陶的圖案採取了自由奔放的格式，隨意而瀟灑，具象與抽象達到了完美的結合。

大河村、秦王寨、後岡、大司空類型

仰韶文化晚期的類型較多，而且是甘肅馬家窯文化的前奏，屬於承上啟下的文化類型。主要代表有陝西的秦王寨、河南的大河村、後岡及大司空。

甘肅仰韶文化晚期的遺址主要分佈在秦安大地灣和天水師趙村，還有慶陽和平涼的一些地區。以黑、白、紅三色繪成的花紋，使大河村文化的彩陶顯得絢麗多彩。變體飛鳥紋和太陽紋組合的陽鳥紋，富有神秘的傳奇色彩。

後岡類型和大司空類型的彩陶分佈在黃河以北的河南北部和河北南部。這一地區的彩陶有著質樸無華的藝術風格。後岡類型的彩陶圖案多由並行的直線和斜線組成。大司空類型彩陶的圖案，多以短弧線構成，顯得柔和而有變化。

父系氏族社會的發端

——大汶口文化

　　黃河流經中原地區，進入平坦的華北大平原，古代的東夷部族就發祥於此。這裏也是儒家文化的發祥地，孔子誕生的地方。在這裏產生了多姿多彩的大汶口文化彩陶。大汶口文化主要分佈在以泰山為中心的魯南中部地區，距今6300—4500年，是黃河下游原始文化的主要遺存之一。

　　大汶口文化的彩陶種類樣式很多，繪畫色彩的絢麗和彩繪手法的多樣，都達到了很高的藝術成就。彩繪的顏色有赭石、朱紅、土黃、白、黑等。紋樣大多是二方連續的幾何紋，由於受到當地發達的竹木器工藝的影響，大汶口文化陶器中以仿竹條編織樣式的連柵紋最富特色。而八角星紋飾是大汶口文化彩陶中具有標誌性質的花紋。在整個黃河流域的彩陶普遍發展後，距今4500年左右，山東一帶興起了龍山文化，這是彩陶發展史上又一新的亮點。自龍山文化後黃河下游地區的彩陶急遽衰落。但彩陶在甘肅東部向西又發展了一段很長的時間，並且形成了地域性的特色。

大汶口文化八角星紋彩陶豆
山東省文物考古研究所收藏

龍山文化陶鬶
山東省文物考古研究所收藏

　　山東大汶口文化彩陶紋樣中的八角星紋，為寓意深奧的標誌性紋樣。這可能是太陽紋或者是表現盛開的花朵，也可能是表現土地的四面八方。這種多角星紋圖案在發達的馬家窯文化彩陶中均有不同的樣式出現。

　　山東濰坊姚官莊出土的龍山文化陶鬶造型妙趣橫生，器物既像昂首向天的鳥，又似站立的獸，還有把手，實用又美觀，顯示了原始人的聰明才智。

史前彩陶之冠

——馬家窯文化

　　馬家窯文化被歷史學家稱為甘肅的「仰韶文化」。當陝西、河南、山西地區進入仰韶文化晚期時，彩陶已經開始衰落，逐漸消亡。而甘肅的彩陶從大地灣仰韶文化早期開始由東向西發展，並延續了近3000年。不同時期出現的彩陶文化類型各不相同，直至夏、商、周青銅器的發展達到鼎盛時期，彩陶文化才趨於消失。

　　馬家窯文化因最早由瑞典科學家安特生發現於甘肅臨洮馬家窯遺址而得名，距今5300—4000年。馬家窯文化主要分佈在甘肅中南部地區，以隴西黃土高原為中心，東起渭河上游，西至河西走廊和青海東北部，北至寧夏南部。分佈區域主要為黃河流域及其支流洮河、大夏河、渭河和湟水等。

　　馬家窯文化的村落遺址一般位於黃河及其支流兩岸的臺地上，接近水源、土壤條件良好。房屋多為半地穴式建築，面積比較大。馬家窯文化包括早期的石嶺下類型，

旋紋彩陶盆　　　　　甘肅省博物館收藏

　　此盆圖案由點線面構成，若奔流不息的黃河水。圖案中的每個點、每條線都在動，從而形成整個畫面極強的動感，亦似一首輕音樂，華麗優美、動人心弦。

魚紋盆　中國農業博物館收藏（作者捐贈）

　　此盆出土於蘭州紅古窯街，屬馬家窯文化馬家窯類型。盆外圍上部繪有變體的四條魚紋，而魚紋的肚內有魚子或小魚，象徵年年有餘，表示繁衍生息之意。這是馬家窯類型變形魚紋的典型器物。

石嶺下雙魚紋盆

中國農業博物館收藏（作者捐贈）

　　此盆陶質，橙黃色，陶泥細密，做工精緻，畫工優美。以裝飾性的手法畫了四條抽象的魚，從一側看，兩條魚又像是魚正面的兩隻眼睛。

中期的邊家林、半山類型和晚期的馬廠類型。石嶺下、馬家窯類型主要分佈在甘肅中南部和青海東北部、寧夏南部地區的涇、渭水上游，以及白龍江、湟水、洮河、莊浪河和清水河流域。邊家林、半山分佈範圍基本與馬家窯類型相同，但已逐漸由東向西轉移。馬廠類型的分佈則更為向西，遺址主要在蘭州以西區域。

　　馬家窯文化彩陶業非常發達，其彩陶繼承了仰韶文化半坡類型、廟底溝類型的藝術風格，但表現更為精細，藝術手法繁縟多變，形成了絢麗而又典雅的藝術風格。馬家窯文化的彩陶與仰韶文化早期的彩陶相比有更進一步的發展，藝術成就達到了登峰造極的高度，被史學家稱為「甘肅的仰韶文化」。

　　仰韶文化晚期，是母系社會向父系社

邊家林類型城牆紋壺　　　　　　　　　　中國農業博物館收藏（作者捐贈）

　　這件邊家林類型的彩陶壺滿繪黑彩的「長城」紋飾。彩陶作為一種造型藝術，總是反映當時的生活和社會形態。當時的社會基本單位是以血緣關係為紐帶的氏族和部落，若干部落有時又結成親屬部落或軍事聯盟。陶工們把他們所在部落的圍牆的形狀畫在了彩陶上，城牆上的瞭望孔成了他們用來描繪裝飾的花紋圖案。

馬家窯類型魚紋罐　　　　　作者收藏

　　罐腹部用黑色畫成兩組四條魚的變形圖案。每組圖案共用一個頭和一隻眼睛，這是仰韶文化時期沿用的變形動物的組合形式，在大地灣、半坡、廟底溝等類型中均有發現。此罐陶質較粗糙，是典型的蘭州海石灣一帶馬家窯類型晚期的作品。

邊家林類型錢紋豆　　　　　作者收藏

　　邊家林類型黑彩豆，紋飾精美，先民以天圓地方的想像力在高足圓形的陶豆裏用純黑色繪出一個圓，裏面套一個方形。陶豆圓裏有圓、圓裏有方的視覺效果，給人以美的享受，使器物造型與繪畫既美觀又和諧。可惜的是，此豆出土時已破損，後經補胎補彩，顯得美中不足。

會過渡的時期，由於農耕文化的日趨發達，人類文明程度得到了極大的提高，這一時期的馬家窯文化彩陶也進入到成熟階段。馬家窯文化的彩陶與世界上同時代的其他彩陶相比，無論其創造性、想像力、圖案結構，還是紋樣設計和繪製的技藝，都是出類拔萃的，堪稱遠古彩陶之冠、歷史之最。

　　甘肅的彩陶文化是燦爛的黃河古文明的重要組成部分，是中國古代文化的瑰寶。迄今為止，已出現了距今8000年以來中國發現的最早的彩陶，它經過仰韶、馬家窯、齊家、四壩、辛店和沙井文化，一直延續了5000多年，形成了一部較為完整的彩陶發展史。特別是馬家窯文化的彩陶，各種類型的藝術特點達到了彩陶藝術的巔峰，代表了中國彩陶燦爛輝煌的藝術成就。

石嶺下類型

　　馬家窯早期的石嶺下類型，因1947年首先發現於甘肅省武山縣城關鎮石嶺下遺址而得名，是仰韶文化向馬家窯文化發展的一個過渡期，繼廟底溝類型後發展起來的又一個類型，距今6000年左右。石嶺下類型在甘肅的渭河、涇河、洮河等流域均有

發現，主要遺址有武山石嶺下、甘谷灰地兒和渭水峪，天水西山坪、羅家溝和關子鎮，以及靜寧威戎鎮。

彩陶的器型仍以用於飲食的盆、缽、碗、罐為主。彩陶的陶質以橙黃色為主，橙紅色次之。平底罐和平底瓶是主要器型，色彩多用深灰或黑色，也有少量用白色。紋飾圖案主要有變形鳥紋和變體魚紋：在瓶和罐的上層畫弧邊三角形，構成變體魚紋。以魚、鳥紋共同構成的圖案是石嶺下類型的典型紋飾。

石嶺下類型晚期彩陶上的鯢魚紋逐漸變得抽象化：有的神化，將腿足增多；有的將身子概括成彎月形；有的頭部和足部消失，形成高度概括的抽象圖案。

石嶺下類型的彩陶紋樣，除了特殊的鯢魚紋等動物紋外，大多數是由抽象的幾何圖形構成的弧形條紋。圖案的設計類似於旋轉的飛鳥，給人以靈動的感覺，富有生氣，為馬家窯類型彩陶向高峰發展打下了堅實的基礎。

馬家窯類型

馬家窯類型的彩陶根據碳14測定，距今5000—4700年。分佈範圍主要在甘肅中南部、青海東北部和寧夏南部地區。馬家窯類型主要繼承了廟底溝類型和石嶺下類型而發展的。彩陶器物都以盆、缽、罐、碗、瓶、豆等飲食器為主。可以明顯地看到許多器型吸收了石嶺下類型的特點，而且有了進一步的發展。

馬家窯類型彩陶為紅陶和橙黃陶，陶質較細，燒製陶器的技術和陶窯較仰韶時期有了較大的改變和進步，窯室溫度明顯提高，並且出現了集中的作坊或燒陶窯址。馬家窯類型陶器通體用黑彩，還有少量的加白彩混合使用。馬家窯類型的彩陶已進入彩陶發展的成熟階段，也是仰韶文化發展的高峰。

馬家窯類型器型增多，紋樣圖案繁縟壯麗，藝術風格奇妙明快，紋飾

馬家窯類型漩渦紋四繫罐　　甘肅省博物館收藏

出土於甘肅省永靖縣的漩渦紋四繫罐，高50.12公分，口徑18.4公分。頸部有四鉤形鈕，腹部有對稱的雙環形耳。泥質紅陶，施赭黑色彩，紋飾分為兩層，上部為漩渦紋，下部為水波紋。整器描繪以黃河激流形成的漩渦紋為主，紋飾佈局奇特、精緻，色彩鮮豔，器型大而壯觀。

由石嶺下類型的簡樸、溫雅變得熱烈、奔放，富有很強的動感。這種現象源自黃河由青海積石峽而下，兩岸奇峰突兀，落差增大，河水激蕩於石峽之間，渦流急轉，濤聲如吼，浪高千尺。在那一刻，氏族中繪製彩陶的陶工，面對洶湧澎湃的河水，身涉滔滔波浪，狂濤激流引發了他們的創作激情，於是馬家窯類型的彩陶圖案上就有了大河漩渦百轉，千層激浪，萬丈波濤，亙古奔流。這是萬古黃河給馬家窯類型陶工們帶來的靈感，使馬家窯文化永載史前文化藝術史冊。

馬家窯類型彩陶題材之豐富、花紋之精美、構圖之靈巧、技法之多樣都是前所未有的。凡是水紋圖案，均顯示出黃河奔騰飛動的氣勢，充滿了陶工們的熱烈激情，使觀者為之動容，心潮澎湃，好像洶湧波濤就在眼前。

馬家窯類型彩陶圖案繁縟多變、明快流暢，神化了的動物圖式，神秘奇特的人面魚紋，變形抽象、富有裝飾的植物花卉，給人們以想像的空間。尤其是原始先民們在勞作之餘載歌載舞的場面被描繪在陶器上，使現代的藝術家對他們的聰明才智刮目相看，也激發了現代人的創造意識和創作靈感。

馬家窯類型彩陶遺址一般在河流兩岸的臺地上，接近水源，面向陽光。房屋為半地穴式建築，以方形房屋最為普遍，屋內有圓形火塘，門外常挖一窯穴存放食物。墓地一般和居住的地方比較近，彩陶一般也是作為隨葬品隨葬的。

彩陶文化在甘肅地區分佈非常廣泛，主要有臨洮縣城以南十公里的洮河西岸馬家窯村，東鄉自治縣大夏河東岸的林家遺址，包括馬家窯類型各個時期的文化遺存，是馬家窯類型的代表性遺址。在遺址中還發現了遠古食物──穀子的碳化物，這說明粟已是當時先民的主要糧食之一。

位於蘭州市黃河北路的王保保城遺址，出土的陶器均為手工製作，還有蘭州雁兒灣、蘭州西坡窪、民和核桃莊、榆中北山麻家寺、紅古連城、窯街、永登杜家台、青海大通上孫家寨和樂都腦莊等地，均出土馬家窯整個時期類型的彩陶，而且有些遺址一直延續到彩陶的衰落期，直至最後消亡。

邊家林類型

在馬家窯類型和半山類型之間，有一個轉折期，這一時期不僅具有承上啟下的作用，而且自身的文化特點也很明顯。康樂縣邊家林遺址是這一時期的代表。根據它們典型遺址的地層關係，可分為早期和晚期兩個階段。早期的彩陶全用純黑彩繪製花紋，紋樣來自馬家窯的漩渦紋，並有所發展。

邊家林類型的陶器多繪以植物紋，整體似一朵花，中心為花蕊，畫圓點紋，圍繞圓點用弧線勾畫翻轉式花瓣，繪製出旋轉式的花紋效果。這在馬家窯類型中也是常用的畫法，但在邊家林類型彩陶上變得較為單純。

漩渦紋的繪製，說明先民將對旋轉運動的認識反映在生產生活上。例如黃河激流的旋轉，紡輪、陶輪的使用，使先民懂得了旋轉美的道理。

另外，還有一個最鮮明的特點，邊家林類型的彩陶用純黑色繪製成大面積的圖案紋飾，以黑色中露出的陶地為陰紋，猶如黑夜中閃閃發亮的電光，對比強烈，十分醒目，既高貴又莊重。到了邊家林類型的晚期，彩陶純黑中已有少量的紅色混合使用，黑紅並用繪製各種彩陶紋飾。這類陶器多為細泥質橙紅陶，器型近似於馬家窯。邊家林類型的彩陶基本上和半山類型的早期有些相似，不過沒有鋸齒紋而已。

半山類型

半山類型因首先發現於甘肅省廣河縣洮河西岸的半山遺址而得名。根據碳14測定，距今4600—4300年。半山類型的彩陶分佈範圍更加廣泛，主要分佈於甘肅的蘭州、隴西、臨夏、臨洮、永昌、武威、古浪、景泰，西至青海的大部分地區。早期的主要遺址以蘭州三營和榆中為代表，還有廣河的地巴坪、半山、杜家坪早期、景泰張台早期和臨夏張家咀、永靖櫻桃山等地。中晚期的以蘭州土谷台、青崗岔和河

半山類型雙耳葫蘆紋壺
老甲藝術館收藏 （作者捐贈）

出土於蘭州榆中，是典型的半山類型葫蘆形壺的代表。這種陶器的造型和葫蘆的畫法吸收了馬家窯類型的特點。在色彩上有了紅色，更加豐富，表現手法更加細密，先民模擬葫蘆的形狀予以造型或描繪成葫蘆形的花紋，通常是圍繞著壺的周圍畫六個葫蘆，統稱為「六扇瓶」。這件泥質橙黃陶壺，小直口，長頸，渾腹圓鼓，在六個葫蘆形紋兩邊分別繪紅色線紋，顯得整個器形華麗典雅。

半山類型網紋罐　　　　　　作者收藏

這件半山類型的網紋罐，器物通體打磨光亮，用黑色畫出網格紋和寬帶紋，紅色只有罐子的口部和腹部兩筆，起到畫龍點睛的作用。雙耳在罐子的口沿處。整個罐子的紋飾像一幅精緻的工筆劃，這是半山類型的典型代表。

半山類型樹紋罐　　　　　　　　　　　　　　　　私人收藏

　　這件半山類型彩陶由黑紅彩繪製而成，在旋轉的四個圓形圖案中，繪以上下並列的豎線紋，形成如樹林般的裝飾效果。整體畫法工整，動中寓靜，具有很強的藝術感染力。

井驛為代表，此外還有隆化群科、樂都柳灣、會寧牛門洞和永靖陳井西山等地。有些彩陶遺址在半山類型早中晚期都出現過。

　　在半山類型時期，由於農業的進一步發展，先民有了更加穩固的定居生活，促使半山類型彩陶達到空前的繁榮，使馬家窯文化又進入了一個鼎盛時期。半山類型彩陶的彩繪精緻而富麗，色彩鮮明，色調熱烈而明快，花紋精細雅致，構圖繁密絢麗。紋飾最鮮明的特徵是在橙黃色的陶地上，用紅、黑兩色的線紋或鋸齒紋組成粗細相間、寬窄適宜、直曲混合、互相交錯、富麗堂皇的各種圖案紋飾，組成諸如漩渦紋、水波紋、葫蘆紋、菱形紋、平行帶紋、山形紋、網紋等各種圖形。同時也有大量的抽象神人紋、變體蛙紋和鳥形器等意象的紋飾及造型。

　　半山類型彩繪紋明顯的特徵是鋸齒紋和紅黑相間的各種葫蘆形紋飾和菱形紋飾的出現，用筆的技巧比馬家窯類型更加成熟、豐富，以尖細筆和寬筆的各種筆法交替使用，形成各異的點、線、面；用相錯、重置的手法組合在一起，交織成絢麗繽紛的畫面。彩陶的質地精細，表面打磨得非常光滑，器型飽滿、莊重，配以華麗繁密的圖案紋飾，兩者相映相襯，渾然一體，達到了完美的藝術效果。

　　在半山類型的彩陶紋飾中，幾何紋佔有大多數。其中旋紋的數量最多，常飾於各種造型的壺、罐的上腹，上腹兩面各以一對圓圈為圓心，由曲線連接旋心構成二方連續的旋紋，順著旋紋還並置多組旋線，增強了旋動的感覺，用筆靈動，具有波瀾壯闊、滾滾向前的氣勢。紅黑相間帶有鋸齒紋的漩渦紋飾是半山類型的典型特點。半山類型早期的花紋以葫蘆形居多，以葫蘆形配以網紋，紅黑相襯。這類紋樣大多繪製得嚴謹工整、一絲不苟。

　　半山類型晚期器上的二方連續紋樣發展成了四方連續紋樣，鳥形器的畫法、種類

更加增多。神人紋在半山類型中也不斷出現。這時的神人紋多以紅色繪主線，兩邊配以黑鋸齒帶紋，人形舉手作撒種狀，手和腿的關節處長著爪指，有的頭部為圓形花紋式幾何圖案，有的頭部則消失。四大圈旋紋也是半山類型晚期彩陶的主要花紋，為馬廠四大圈紋的多姿多彩打響了前奏。

半山類型彩陶的器型主要以小口鼓腹甕、單把壺、雙耳罐和缽為主，此外還有喇叭口長頸瓶、筒狀杯、豆、鳥形器、陶鼓等。半山類型的陶鼓明顯比馬家窯類型時期增多。陶鼓的形狀是一端盤口似罐，一端呈喇叭形，四周有一圈倒刺，兩端皆可蒙上獸皮。新石器時代的骨笛、陶鼓、舞蹈人、盆為印證原始社會晚期先民們豐富多彩的音樂、歌舞生活等場景提供了實物資料。

從廣河地巴坪等半山型墓地的考古發掘情況來看，墓中隨葬的陶器多至五件以上，一般為七至九件，多者達到十六件。在隨葬陶器中，彩陶占到百分之九十以上。而在大地灣、仰韶早期，半坡類型只占到百分之二十，馬家窯類型只占到百分之五十左右，可見半山類型時期彩陶已經發展到了非常成熟的輝煌時代。而墓葬品的多寡也顯示了階級社會的出現，為史前文化的研究提供了佐證。

馬廠類型

馬廠類型彩陶，因1924年首先發現於青海省民和縣馬廠原而得名。距今4300—4000年，發展了四五百年。分佈範圍與半山類型基本相同，只是西部更向西延伸到酒泉、玉門一帶。馬廠類型的彩陶是半山類型的繼承與發展，因此既保留了半山類型的富麗優美，又有許多的變化和創新，總體風格呈現出簡練質樸、粗獷剛健的特點。馬廠類型的彩陶雖然沒有半山類型彩陶那麼精細、富麗堂皇，但在器型的塑造及花紋圖案的設計、構思、表現上，比以前諸多文化類型的彩陶都大大前進了一步，多樣化的表現手法，進一步豐富了彩陶藝術。由於農耕文明的進一步發展、社會的進步、物質的豐富，勞動果實有了剩

馬廠類型網格紋壺　　　　　私人收藏

此壺繪製得非常精彩，不亞於唐代富麗堂皇的工筆重彩畫。在施以紅陶衣的陶體上經打磨、上光，用黑紅二彩繪以不規則的寬帶回紋、三角紋，用平行交叉的細線裝飾對稱網格紋，既有遠古的氣息又有現代意識，是馬廠類型彩陶中很難得的一件精品。

餘，私有制開始出現。根據考古遺址出土
實物來看，有些墓葬的彩陶多達九十餘
件，而有的墓葬只有幾塊陶片而已，可以
看出當時社會的貧富差別以及等級制度已
經形成。

馬廠類型時期，彩陶上大量出現了蛙
神紋。這種「蛙神」並不是對馬家窯類型
時期蛙崇拜的簡單重複，它是進一步抽
象，昇華了的蛙神，先民畫的就是人格化
了的神靈——「蛙神」，也有考古學家稱
這種蛙神紋為「神人紋」。馬廠類型的這
種「神人紋」驟然增多，神人紋以各種各
樣的變體形式出現，成為馬廠類型的主要
代表性彩陶紋樣。有的將「神人紋」的頭
部省略，有多肢節和少肢節不同的表現。

「神人紋」表現為撒種子紋和貝紋組
合紋樣。有的除了將頭部省略外，身子也
被省略，分解成為肢節爪，上下並列於器
物上；有的以局部的肢爪來表示。四大圈
紋成為馬廠類型的第二大特點，且數量和
種類不亞於「蛙神」（即「神人紋」）。
四大圈紋多飾於器型較大的彩陶壺上，馬
廠類型的彩陶壺早期承襲了半山類型壺的
優點，壺體大而圓。壺上腹渾圓，下腹略
長而內斂，底部變小，使整個壺像一個卵

馬廠類型旋紋壺　　　　　　　私人收藏

這件彩陶用黑紅二彩繪以日紋和旋紋，
旋紋又稱雲紋，可能是原始氏族畫工對太陽
和雲的描寫，圖案工整，雍容華麗，具有很
強的視覺衝擊力。

形。圓圈內的花紋圖案豐富多彩，填充的紋飾主要以「十」字紋、「卐」字紋、網線
紋、網格紋、圓圈紋居多。還有其他裝飾的、寫實的、抽象誇張的形式圖案。

據考古學家不完全統計，馬廠類型四大圈紋的樣式已達三百多種，可見馬廠類型
時期先民們想像力達到了一個非常成熟和豐富的階段。

馬廠類型彩陶中出現了各種各樣造型奇特且比較怪異的器型，還出現了小巧玲瓏
的小彩陶器，小到大拇指大小，可能是當時專為兒童製作的一種玩具。盆、缽、碗的
器型也變得多樣，以口部和腹部帶有鋬耳為特點，還出現了四耳和盆邊有一圈繫繩穿
孔的盆，說明馬廠人製作陶器時更注重實用性。

彩陶豆的種類增多，繪製的圖案也豐富多樣，既有寫實的各種動植物，也有變形

馬廠類型蛙紋壺 　　　　　作者收藏

馬廠類型四球紋壺 　　　　　作者收藏

　　這件馬廠類型蛙紋壺，體積碩大，腹部鼓圓。馬家窯文化到了馬廠類型時期，彩陶上開始出現大量的「蛙神」紋。這種「蛙神」不是簡單地重複先民早期的蛙崇拜，而是將其進一步抽象、誇張和昇華。這件彩陶壺上邊畫著「蛙神」紋，兩側有兩個圓球，圓球內為網格紋。這兩個圓球代表田地，形似於蛙背。兩側繪有健壯的「蛙神」，頭部消失，壺口作為兩「蛙神」共用的頭或嘴，繪畫和造型達到了完美的結合，符合藝術的規律，簡化、抽象又美觀、實用，多功能融為一體。此壺為馬廠類型中期的一件代表作。

　　此壺屬於馬廠類型彩陶四球紋樣的一類。以黑紅彩繪製紋飾，留有很少的陶器底紋，反差強烈，視覺衝擊力強，色彩豔麗飽滿，加之器型圓潤，使整個器物顯得雍容華貴，富麗堂皇。

　　學者認為四圓圈是擬日紋，中間是太陽，三道光環是放射的日光，也有學者認為是指紋、葵紋、植物紋。從一側看像動物的兩隻眼睛，觀之使人產生許多聯想。

抽象的圖案紋飾，而且變化多端，注入了陶工們豐富的情感和想像力。馬廠類型的筒狀杯就是典型的代表。陶工們給陶器增加了直線造型的因素，使器物更莊重、大方、優美。各種網格紋、平線紋組成的花紋，畫工精細，線條不板不僵，富有韻律，可與古代線描工筆劃相媲美，顯示了原始先民已具有很高的繪畫功力。

　　特別值得一提的是，馬廠類型獨具特色的帶蓋斂口罐，這種罐在製坯時，器蓋和罐連成一體，經旋切分成兩件，蓋和罐口嚴絲合縫。這一新的裁蓋器是其文化類型中很少見到的，只有馬廠類型彩陶獨領風騷。馬廠類型的又一特點是有些彩陶器的器表著一層土紅色，行內稱有紅陶衣的彩陶器。在紅陶衣上面繪製各種黑色的紋飾，有些器表經過打磨再畫黑紅相間的圖案，使陶器更加華麗。

　　馬廠類型時期的彩陶豐富多樣：一種是細質細畫，就像工筆劃；一種是粗質粗畫，就像現在的寫意畫。其主要原因是，馬廠時期分工更加明確，專業化的彩陶製作有了一些明顯的分工，一部分人製造日常生活所需的彩陶，一部分人專門製作用於陪

葬的彩陶。生活用的陶器製作工藝比較
精細,器表均打磨上光,並且所繪色彩
與陶在同一平面上,用手撫摸,感覺既
光滑又平整。而陪葬用的陶器工藝比較
簡單粗糙,製陶的黏土也沒有經過長時
間的沉澱。陶胎顯得質鬆而有雜質,彩
繪也比較簡單,而且器表沒有打磨上
光。馬廠類型和半山類型彩陶的最大區
別是除了早期馬廠類型的紋飾夾雜一點
鋸齒紋外,中晚期鋸齒紋已經完全消
失。到馬廠晚期已明顯地感覺到彩陶開
始走向衰落,馬家窯文化時期彩陶的繁
榮昌盛即將結束。

　　文字是人類進入文明時代的標誌,
學術界一直認為,在甲骨文之前一定有
種比甲骨文更原始的文字,但卻因沒有
科學依據而沒有得到人們的普遍認同。
從大地灣文化到馬家窯文化晚期,不少
彩陶罐上有墨筆書寫的記號,最常見的
有「十」、「○」、「✕」。據統計,
在青海柳灣馬廠類型的彩陶上共發現
140多種符號,有的畫在陶器的上部,
但大多數畫在陶器的下腹部,對於這些
符號,專家各抒己見。有人認為是一些
氏族部落的記號或代號,有人認為是中
國文字記事的前身,也有人認為是先民
對性事的記載。筆者認為,這些最原始
的符號有規律地出現,不是偶然的,很
可能是中國文字的萌芽和前身。而且有
些符號和甲骨文很相似,也可能為甲骨
文的出現奠定了造型基礎。

馬廠類型蓋罐壺
中國農業博物館收藏(作者捐贈)

　　該壺是作者2000年捐獻給中國農業博物
館蓋罐壺中的一件。此件馬廠類型的帶蓋斂
口彩陶罐壺,在製坯時器蓋和壺連成一體,
經旋切而分成壺身和壺蓋,蓋和壺口嚴絲合
縫。整個陶器上有一層陶衣,經打磨後光滑
明亮,加上裝飾折帶紋、波紋,使整個器皿
光彩照人,亭亭玉立。

馬廠類型S紋罐　　　　　　　私人收藏
　　此件彩陶罐腹部滿繪S形裝飾紋,黑紅二
彩顯得富麗堂皇,惹人喜愛。

彩陶餘暉

——齊家文化及其他文化

齊家文化因1924年首先發現於甘肅廣河縣齊家坪遺址而得名，距今4200—3700年，是在馬家窯文化的基礎上發展而來，進而向西推進，東起涇渭上游、西至河西走廊以及青海東部廣大地區，發展成新石器時代中晚期的齊家文化。在馬廠類型衰退的同時，齊家文化自東向西地替代了馬廠類型，以質地細膩和器壁輕薄為特色，其彩陶簡樸自然、清新別緻、自成風格。彩陶所占比例很少，絕大多數是素面陶，文化內涵十分豐富。陶器器型以單、雙大耳杯，喇叭口罐或甕，敞口盤或盆，夾砂大口深腹罐，高領高襠單雙耳鬲為特色。

彩陶多以紅色繪製紋飾，彩陶紋飾清新明快、簡潔大方，花紋主要有網線紋、三角

齊家文化三角紋雙肩耳彩陶罐
甘肅省博物館收藏

這件齊家文化的三角紋雙肩耳彩陶罐，符合遊牧生活炊煮習慣，其夾砂圓底陶罐上，繪著正倒相間的複線三角紋，宛然是草編籃子紋理的描繪，洋溢著草原文化的氣息。

齊家文化方格紋罐
作者收藏

這件齊家文化的彩陶罐，為泥質紅陶。陶器上繪有條紋、菱紋，罐子口沿處有雙耳，罐體用黑彩滿繪紋飾，下部未收，圖案線條簡單明快，自然清新，是典型的齊家文化幾何紋彩陶的代表。

折線紋、大三角紋、寬帶紋、斜行籃紋和連貝紋等。通常在卵圓形的腹部上橫向描繪連續的正倒三角折線紋，每一個三角折線的尖端填實成菱角紋和套疊的三角線紋，圖案在腹下部處均不作整齊的收結。

　　齊家文化分佈在甘肅、青海、寧夏一帶，處於東、西文化的結合部，透露出遊牧生活的草原氣息。繼馬家窯文化東鄉林家遺址出土了中國目前發現最早的一把青銅刀後，齊家文化相繼出土的青銅鏡、鉛斧說明甘肅是中國早期冶銅技術比較先進的地區。在距今約4000年前，大部分地區的彩陶均退出了歷史舞臺，但甘、青地區依然生存著一批堅持使用彩陶的先民，他們和中原的青銅文化相互發展並存了近千年，而且把彩陶藝術向西傳入了新疆。

四壩文化

　　四壩文化因在20世紀60年代初發現於河西走廊中部的山丹縣四壩灘而命名，距今3900—3400年，主要分佈在甘肅河西地區的武威、張掖、酒泉、玉門、安西、新疆東端等地。彩陶由甘肅的東部向西發展，河西走廊四壩文化的彩陶明顯流露出較強的畜牧生活氣息。彩陶的器形比較小，很少有大型陶器出現。但陶器的造型樣式增

四壩文化羊頭柄手紋彩陶方杯
甘肅省博物館收藏

四壩文化三犬蓋彩陶方鼎
甘肅省博物館收藏

　　出土於甘肅省玉門市三泉鄉火燒溝的三犬蓋彩陶方鼎，明顯地反映了河西走廊先民草原遊牧生活的藝術風格。陶工們以其所熟悉的動物為原型，塑造生活藝術品。這件陶器鼎蓋上並立三隻張口吠叫的狗，構思新穎，想像獨特，頗具藝術價值。

　　這件出土於甘肅省玉門市三泉鄉火燒溝的羊頭柄手紋彩陶方杯，側面塑一羊頭形杯柄，似有一隻活羊在杯內掙扎，突然將頭伸出杯外，羊頭仰面向上，雙角盤曲，鼻眼鏤空。陶杯兩面繪雙手的紋飾圖案，別有情趣，超絕的構思和豐富的想像力，把先民賴以生存的羊和人聯繫起來，好像羊就是人的生命，把它捧在手裏，勝似珍寶。這是一件絕世的史前傑作。

辛店文化四鳥紋罐　　　作者收藏

這件辛店四鳥紋罐，泥質紅陶。彩繪有寬帶紋、折帶紋和「S」紋。罐的肩部周圍用黑色單線勾畫出四隻鳥在向前奔跑，雖然鳥畫得極其簡單，但鳥的形象神采飛揚，頗為傳神。

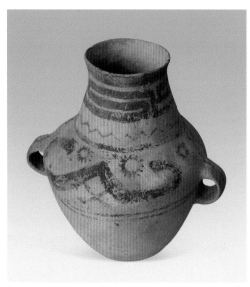

辛店文化太陽紋罐　　　作者收藏

這件辛店文化太陽鳥紋罐，泥質紅陶，在罐的肩部黑色紋飾中間畫有一周六個太陽，反映了先民對太陽神的崇拜。

多，有各式各樣的單耳罐、杯、盤、缽、壺，有些罐兩側有上下4個耳，這些都是生活飲用器。玉門火燒溝出土的彩陶代表了四壩文化彩陶的典型風格。

四壩文化彩陶上較多地繪製或雕塑了動物造型的形象，如鷹形壺、鹿紋圈足豆、犬紋帶蓋四耳罐、蜥蜴紋壺等。幾何紋在四壩文化的彩陶中也不少見，常用幾何形或直線構成，利用線的粗細變化、斜正手法，使所繪的線條在勻稱整齊中富有變化，增強了器物的藝術感染力。四壩文化彩陶洋溢著遠古先民草原遊牧生活的文化氣息。

辛店文化

辛店文化因首先發現於甘肅臨洮縣辛店村而得名，距今3400—2800年，其分佈範圍比較集中，主要在黃河支流洮河、大夏河、湟水中下游等黃河沿岸的部分地區。繼齊家文化後興起了辛店文化，辛店文化是西北地區的重要文化遺存。辛店文化居民過著以農業為主體經濟的定居生活，畜牧業已經非常發達。家畜以羊為主，還有狗、牛、豬、馬等。整個辛店文化從商代一直延續到西周晚期，所以在這個時期鑄銅業已頗具規模，銅器有刀、錐、矛、匕、鑿、環、扣等，並開始出現銅容器，其社會發展已進入銅器時代。

辛店文化的陶器大多為手製，盛行泥條盤築法。陶質以夾砂紅褐色陶為主，摻有石英砂、碎陶片、蚌殼末和雲母等摻和料，所以陶器的陶質比較粗糙鬆散。常見的器型有罐、壺、鬲、盆、豆、缽、盤等，還有一些特殊的器型樣式，如草花形、乳突足或偏足

的彩陶鬲等。陶器表面磨光，器表一般塗以白色或紫紅色的陶衣，紋飾有繩紋，附加堆紋和彩繪。

陶器的造型可分為兩大類型，一類器型渾厚，多是環底，凹底或平底器少見；另一類器型顯得比較輕巧，以平底器為多，環底或凹底少見。器型都是罐，口沿微翹，高頂，肩部較高，腹部以下束成小環，底略向內凹入，小罐口緣處附有雙耳，大罐腹部兩側有鋬，最典型的器物是大口雙耳罐和高頸雙耳壺。

辛店文化彩陶的紋飾明顯反映出先民定居農牧業的生活狀況。常用彩繪的形式有寬帶紋、雙鉤紋、漩渦紋、波折紋、平行線紋、「S」形紋、連續回紋及三角紋等。還有羊、鹿、犬、馬、太陽、鳥、鴕鳥等圖案。兩邊向上彎曲的雙鉤紋，是辛店文化彩陶最常見的，是具有代表性的紋樣。這種紋樣通常繪在陶器的主要位置上，作為主體紋飾，再夾雜其他的一些紋飾。雙鉤紋一般表現的是正面的羊頭，兩邊向內的彎鉤是羊的一對彎角。這種紋飾比較抽象，所以有專家認為辛店文化的氏族應為羌人。

「羌」字可以解讀為牧羊人，也有專家分析認為，這種雙鉤紋可能是由一對相向犬紋複合而成的紋樣。有的在雙鉤紋的兩側上方飾一對太陽紋或月亮紋，有的彩陶兩側還繪有犬首或人紋、鳥紋，因此雙

辛店文化鳥紋罐　　　　　私人收藏

辛店文化太陽鳥紋罐　　　　作者收藏

這件辛店文化太陽鳥紋罐在以土紅色繪製的寬帶紋上用黑色繪製平行線紋。彩陶體從上至下分為三層，口沿下在紅色底紋上用黑色繪畫幾何紋、折帶紋，頸處兩側各畫一個太陽紋，另兩側畫雙重三角紋（可能是代表山巒）。罐子的肩部周圍畫有6隻鳥，圍繞太陽和山旋轉，鳥用雙勾的線。這件彩陶紋飾構思新穎、想像獨特。山頂上面的天空有太陽，草地上有鳥在奔跑嬉戲，勾畫出一幅陽光燦爛、風和日麗的草原圖畫，是難得的辛店文化彩陶精品。

寺窪文化雙耳罐 私人收藏

　　這件寺窪文化的雙耳大罐，泥質紅陶。此陶用泥條盤築法製成，燒製火候不足，陶器的顏色也不均勻，此件屬無彩素面陶。

鉤紋為犬的複合紋或羊的標誌性紋樣，可視作羌族、土族的徽紋圖騰，辛店文化大都分佈在古代人生活的區域。

　　《括地志》一書中說：「隴右、岷、洮以西，羌也。」《後漢書‧西羌傳》：「河關之西南羌地是也。」河關之西南應包括蘭州西南及青海東部地區，即黃河上游的洮河、大夏河和湟水流域，這些地區恰好是辛店文化分佈最密集的地區，後來這些古代羌人才向東向南遷徙進入四川。現在四川羌人生活中使用和流行的許多紋飾，我們都能從辛店彩陶中找到它們的原型，由此可以推斷辛店文化的族屬是古代羌人文化。

　　在遠古甘肅地區，氣候溫暖濕潤，有大片的森林存在，所以黃河上游流域及黃河的支流洮河等流域，土地平坦肥沃，水草茂盛，是先民生存的一方寶地。

　　太陽紋和鳥紋是辛店文化比較特別的紋樣。在遠古科學還不夠發達的情況下，天體運行、氣候變化對古代先民來說深邃莫測，日月星辰也就成了先民崇敬膜拜的對象。生活在辛店時期的羌族所敬奉的自然界神祇中，太陽神是他們的主神。所以太陽作為象徵性的圖飾，被繪在了陶器上。以不同的手法，有規律或無規律不同數量的紋樣都有出現。有些彩陶上太陽數量甚至達到了16個之多，有的組成人的眼睛，有的和鳥組合使用，成為太陽鳥的圖飾。鳥的圖案也是種類多樣，還可以看到鴕鳥花紋的圖案，充分說明了當時西部地區氣候溫暖、湖泊密佈、水肥草嫩，畜牧業十分發達。這些奠定了辛店文化的社會基礎。

寺窪文化

　　寺窪文化，因1924年首先發現於甘肅省臨洮縣洮河西岸衙小集的寺法山遺址而得名，距今3400—2800年。寺窪文化可分為兩個類型：一個是發現於洮河流域的，被稱為寺窪類型；另一個是發現於甘肅平涼地區的，被稱為安國類型。一般認為後者為寺窪文化的晚期遺存。

　　寺窪文化和辛店文化這兩種文化基本屬於同一時代，但又各具特色，相當於中原

商代晚期和西周早期。寺窪文化具有辛店文化的特徵，但與其他文化並沒有繼承關係，根據考古推斷亦屬於氐羌原始文化。

寺窪文化的器型以罐最多，罐器都是灰砂粗陶，表面磨光，頸部都有對稱的雙耳，高肩，深腹下殺，馬鞍形口沿，平底，表面多為紅褐色，有褐色斑點，一般不繪紋飾，有的僅在耳和頸部附加泥條堆紋，作曲線狀和指壓紋。寺窪文化的器型還有甕、鼎、豆、鬲、盂等。寺窪文化一般為素陶，最具代表性的器物為雙耳馬鞍式口罐。特別值得一提的是，器型不僅飾以「一」、「人」字紋，而且還刻畫有眾多的符號和字形，被學術界認為是漢字的前文字形態。

古代羌人的經濟生活以畜牧和狩獵為主，羌人即為遊牧人之意。從寺窪文化遺存發現的陶器的口均為馬鞍形，有學者因此初步斷定其為典型的羌文化遺存。

卡約文化

卡約文化，因首先發現於青海湟中縣卡約村而得名，據今為3200—2800年。卡約文化主要分佈在甘肅、青海的黃河上游沿岸及其支流湟水河、大通河一帶。它在青海地區分佈地域最廣，遺址數量最多，時代下限最晚到青銅時代的文化。

據調查資料統計表明，卡約文化以青海的西寧、湟中為中心，向四周作輻射狀分佈，湟水流域、黃河河曲以東地帶，分佈密度較大。已發掘的地點有上孫家寨、湟中下西河、湟源中莊、和莫布拉、循化阿哈特拉、蘇志和蘇呼撒、貴德山坪台、共和合格寺、貴南達玉台和官塘和家土乎等地，發掘墓葬2000餘座，遺址面積千餘平方公尺。

卡約文化時期，人們大體過著以農業為主畜牧業為輔的定居生活。由於自然條件的差異，有些地區的卡約文化則以畜牧業為主，甚至過著遊牧的生活。這一時期製陶業不是很發達，製作工藝比較粗糙，品種相對單調。製陶以夾砂紅陶和灰陶為主，細質的紅陶、彩陶比較少見。

彩陶紋飾早期有回紋、三角紋、網格紋、勾連紋、「S」紋等；晚期則以雙線紋、漩渦紋為多，還有一些狗、鹿、牛、馬、羊等動物圖案。卡約文化

卡約文化馬紋小罐　　　　　　作者收藏

卡約文化馬紋小罐　　　　作者收藏

沙井文化長三角彩陶罐　甘肅省博物館收藏

這件卡約文化馬紋小罐，泥質夾砂紅陶，器表打磨光滑，全身著紅陶衣。罐頸較粗短，口沿微侈，底部內凹成圈足，口沿處有雙耳。用黑色繪變體馬五匹圍在小罐腹部壁上奔跑，五匹馬用單線繪成，既抽象又寫實，把馬千里奔騰之勢表現得淋漓盡致。這是迄今為止最早見有畫馬形象的實物資料，足以證明草原文化是卡約時期的主要文化，為研究西部地區古代草原文化提供了實物資料。

這件沙井文化長三角彩陶罐，泥質紅陶，表面打磨光滑，小口，長頸。肩部兩側有雙耳。頸部和腹部繪褐紅色的細長倒三角紋，肩部繪有折帶紋和三角紋，宛然是草編籃子的紋理，是一件遊牧民族用的盛水器。

類型中有些彩陶都著紅色陶衣，用黑色繪製紋飾。彩陶的器型主要有雙肩耳低領小罐，肩耳較小、淺腹、四側有小突；還有雙腹耳壺，壺頸較粗短，而口沿微侈。圖案多繪在上腹。卡約文化與四壩文化、辛店文化有很多相似之處，卡約文化的年代與辛店文化的年代基本相當。

沙井文化

沙井文化，因1924年發現於甘肅省民勤縣的沙井村而命名，距今3000—2500年。主要分佈於甘肅省的永登、古浪、武威、天祝、永昌、張掖及民勤等地。沙井文化是甘肅一帶最晚含有彩陶的古文化。沙井文化的年代相當於西周至春秋中期，也屬於甘肅彩陶結束的時期。沙井文化的陶器多為手製，以夾砂紅褐色為主，一般多在上半部施一層紅色陶衣，器表飾有繩紋、錐刺紋、弦紋和彩繪等。彩繪紋飾主要為連續三角紋、窄花三角紋、菱格紋、波折紋與鳥紋等；其中鳥紋大多是一組組、一排排地繪在同一條彩色寬帶上，所有鳥頭方向一致，姿態栩栩如生。

主要器型是單耳罐、筒形杯和雙肩耳圓底壺，為了便於攜帶，器形都比較小，

沙井文化三角紋圓底形彩陶罐 甘肅省博物館收藏

　　這件出土於甘肅省古浪縣沙井文化的彩陶罐，質地夾砂橙色陶，圓底表面打磨光潔。這件罐子的頸和肩部之間有一對寬扁的耳，腹部為扁圓形，在頸、肩和腹部繪褐紅色的細花倒三角紋，還以菱格紋和平行紋作為頸、肩、腹三部分的倒三角紋的間隔。從圖案花紋的整體效果看，就像草編的大籃筐，煥發出草原文化的風采。這件三角紋圓底形彩陶罐屬於沙井文化的精品。

從中可以看出當時遊牧生活為他們的主要生活方式。

　　沙井文化之後，彩陶作為一個時代的主要文化特徵，已逐漸地退出歷史舞臺，從而意味著陶器時代的真正結束。從齊家文化開始以後，不僅彩陶數量減少，陶器在甘肅境內也逐漸衰落。隨著社會的發展，作為一種特定的文化現象，甘肅彩陶文化在空間上，從東部的大地灣、仰韶文化到河西的沙井文化遍佈於隴原大地的各個角落。

　　從距今8000年前的新石器時代早期一直延續到約2600年前的青銅時代。整個彩陶文化從開始萌芽、中興、繁榮昌盛到衰落的全過程，從東向西，在隴原大地得到了完整的演示和發展。在數千年的發展中，彩陶文化以其特有的藝術魅力和豐厚的文化內涵，穿越時空，從遙遠的時代不斷地向後世人們傳遞著先民創造的物質與精神信息，並給人們留下了一個個亟待破譯的文化之謎。

包羅萬象的彩陶紋樣

　　彩陶既是原始先民生活的實用器，也是工藝品。他們漁獵、耕種之餘，在簡陋的居室裏席地而坐，面對著身邊的彩陶容器時，就產生了很多的聯想，把生活中的所見所聞、天地日月，都納入他們創作的範圍。他們有與現代人同樣的思維和情感，創作出了令今人嘆服的史前彩陶文化。當我們面對彩陶上這些紛紜繁複、雅氣盎然的色塊和線條時，內心深處會湧出一種震撼，彷彿原始先民生動、活潑、純樸、天真的氣息撲面而來。彩陶上各種紋飾所具有的節奏、韻律、對稱、均衡、連續、間隔、重疊、粗細、疏密、交叉、錯綜等特點，令當今藝術家為之傾倒和讚歎。

　　彩陶圖案的題材包羅萬象，人神、動物、植物、天地、日月、星辰等，由具象到抽象，由寫實到變形，自由而浪漫。彩陶上折射出的奇特、詭異、神秘的文化現象令多少專家學者驚歎不已、望塵莫及。

生活的神靈——魚紋、人面魚紋

　　原始先民依山傍水而居。在農業還不夠發達的原始社會新石器時代，漁獵生產是他們賴以生存的主要活動，而這種本能的活動也被原始社會的先民反映在了他們的生活用品中，在新石器時代早期的遺存中都有不同程度的描繪。尤其是在仰韶文化半坡類型中，魚紋的表現達到了一個非常高的程度，使以後其他文化類型都無法與其媲

半坡類型魚紋陶片　　西安市博物館收藏

　　魚類水族紋是半坡類型彩陶具有代表性的紋飾。凡是半坡類型遺址都有繪有魚紋的彩陶。半坡類型彩陶的魚類水族紋分佈範圍很廣，東至山西西南部，西到甘肅東部，橫跨千里，幾乎包括了整個渭河和涇河流域。這件出土於西安半坡村的彩陶片上繪著更為奇特的魚頭，睜著大眼，張著大嘴，上下牙齒畫成純黑色的三角形，觀之讓人恐懼，好像一口要把人吞掉一樣。有學者認為這件殘存的彩陶魚紋陶片是人寓於魚的紋樣。

美。原始先民把他們在生活中看見的魚的形象，以各種富有變化的手法描繪在各種陶器上。魚的表現有的雖然寥寥幾筆，卻畫得神態生動、情趣盎然、活靈活現。有的運用抽象變形的手法，以對稱的菱形圖案來裝飾，既簡潔又美觀。雖然沒有畫水，但把所有的空間都變成了河流，它們在游動嬉戲，富有生活情趣。反映出半坡先民物質生活主要來源於漁獵，魚兒是他們賴以生存的主要食物。

半坡氏族先民由食魚、愛魚到畫魚，再到魚崇拜。這種現象在他們所製作的彩陶用品中得到了充分的展現，半坡彩陶中形象怪異的圓形人面魚紋盆也隨之出現。嘴角兩邊是兩條魚，雙眼眯成一條縫，或半睜，或微笑。這種人面和魚的組合紋樣含義深奧，專家學者也有著眾多不同的詮釋。

有的學者認為這是漁獵活動在彩陶紋樣中的反映，是表現人在噬魚，並且認為施加化妝的人面在口中銜魚，又在頭頂髮髻邊緣插魚鰭狀飾物，都是巫師的扮相，人們要透過巫術來祈求漁獵的豐收。但是一些學者認為人面魚紋是半坡氏族的族徽或圖騰，是人格化神的出現，具有氏族保護神的性質。因此可以說，魚類紋是半坡部族的主要圖騰紋樣。

半坡類型魚紋的紋樣在甘肅秦安的大地灣也有不少的發現，其年代基本和西安半坡相當，魚紋大多是抽象變形了的裝飾圖案紋樣，很少有寫實的紋樣。廟底溝類型的魚紋圖案相對半坡類型少，但都較為寫實，也有以抽象的魚紋和鳥紋相組合的圖案出現。

馬家窯類型和邊家林時期都有大量的魚紋圖案出現。既有寫實的，也有變形、抽象的。但畫工、造型沒有半坡文化類型那麼精美深奧，紋飾已趨粗糙、簡單。在黃河上游，原始先民以漁獵為主要的生存手段，自然會崇拜他們賴以生存的食物來源。因為對魚的熱愛和崇敬，魚便成為了原始先民陶工製作彩陶時首選的裝飾圖案。

半坡類型五魚紋彩陶盆　　　西安市博物館收藏

半坡類型彩陶的早期魚紋，多為單獨紋樣，表現手法較寫實，魚紋的造型以直線為主，顯得簡單而樸拙，有的魚紋採用影像式來描繪。這件陝西省臨潼縣薑寨出土的彩陶盆內四個對應的方位繪有黑白相間的四條魚紋，它們在盆內按同一方向回旋式排列。四魚紋之中一魚紋旁邊又有一小魚紋，使畫面既統一又多樣，富有變化，形成一種魚兒生動活潑的場面。五條魚的畫法各不相同。雖未畫水，卻給人以魚在水中吞水吐氣，快樂暢游的想像。如果盆內盛水，彷彿可見有幾條魚在盆內游動。

半坡類型雙魚紋彩陶盆
中國社會科學院考古研究所收藏

　　半坡類型早期的魚紋多採取正平視的角度橫向紋飾帶的形式展開。這件彩陶盆以兩條魚紋相對，按同一方向組合，頭尾相隨，形成一圈在盆子外壁旋轉游動的形式。魚頭較寫實，魚身已向裝飾性圖案過渡。

半坡類型魚紋彩陶盆　　甘肅省博物館收藏

　　此件魚紋彩陶盆出土於甘肅大地灣仰韶文化一期半坡類型，為典型的半坡類型彩陶，是寫實紋樣演變成幾何紋樣的代表。這件魚紋的畫法已程式化，造型比較規整。魚被概括成幾何形，頭部已變成D形的符號，既象徵魚頭又象徵魚的眼睛，兩條魚共用同一個頭和眼睛。因此氏族畫工在圖案中運用了左右對稱的攤開樣式，將分解出的兩條魚紋變成左右對稱的花紋。

半坡類型並排連首魚紋彩陶盆　　西安市半坡博物館收藏

　　半坡類型彩陶魚紋還出現兩體相連和三體相連的組合形式，同類彩陶中還有兩魚共用一身的形式、以四魚頭紋與雙身魚紋相連接的形式。這件兩體相合並排連首的彩陶魚紋盆裝飾性非常強，把兩條魚簡化成三角圖案形式。頭部和魚身連成一個大三角體，魚尾形成兩個小三角形，魚嘴為兩個小三角形，兩魚的頭部用梯狀虛形連成一體，內畫圓形的眼睛，打破了眾多三角形的構圖，兩隻眼睛在整個圖案中很突出。這可能是半坡氏族先民漁獵歸來將兩條魚連成一體引發了他們創作的靈感，從而構思而成。

半坡類型魚紋彩陶瓶

甘肅省考古研究所收藏

　　此件出土於甘肅大地灣一期文化的半坡類型葫蘆形魚紋彩陶瓶（上部殘缺），以流暢自如的線條繪有生動活潑的四條游魚紋，打破了西安市半坡出土的早期魚紋取正側面平行呆板圖案化的形式。從而反映出半坡時期先民不但把魚紋作為本民族標誌性的圖騰，而且還作為生活的一部分來描繪。魚的游動跳躍、騰挪回轉、俯衝等狀，被栩栩如生地描繪在了這件葫蘆形的彩陶瓶上。

半坡類型魚紋彩陶缽

西安市半坡博物館收藏

　　這件半坡類型魚紋彩陶缽圖案的畫法很特別，魚頭圖案變形誇張，使魚的眼睛嘴巴變大，富有情趣，首尾相連。使整個缽顯得磅礴大氣，擁有半坡氏族王者的氣度。

半坡類型魚紋彩陶盆

甘肅省考古研究所收藏

　　這件彩陶盆外壁等距離地畫了三條變體魚，按逆時針方向首尾相連，圖案用陰陽畫法形成黑白不同的塊面，形狀大小不一，反映了魚的造型頗富裝飾之美。

半坡類型三魚紋彩陶盆

西安市半坡博物館收藏

　　此件半坡類型的彩陶盆，盆壁周圍用裝飾性的手法繪製出三條魚紋圖案，魚的頭部紋飾採用影像式來表現，頭部只有眼睛在閃閃發光，生動傳神，反映出半坡氏族先民的豐富想像力。

半坡類型魚紋細頸瓶
西安市半坡博物館收藏

　　這件出土於西安半坡遺址的魚紋細頸瓶
造型獨特，畫法別具一格，兩條魚並排而
立，新穎別致，彷彿是漁獵歸來掛在牆上的
兩條大魚在等待人們去烹調、食用。畫法和
同時期的魚紋距離很大，既寫實、又抽象，
立意深遠，觀之餘味無窮。

半坡類型魚紋葫蘆瓶　　西安市半坡博物館收藏

　　這件出土於西安半坡遺址的魚紋葫蘆形彩
陶瓶主要以造型取勝，紋飾的畫法極為簡單概
括，以圖案化、符號化的手法進行表現，尤其
是魚頭的設計非常大氣，極度明瞭，如兒童般
天真爛漫。

半坡類型魚紋彩陶盆
西安市半坡博物館收藏

　　此彩陶盆是典型的半坡類型的對口魚裝飾
紋樣。用概括裝飾的手法，給觀者以多角度的
展示。正面看像一隻魚頭，張著嘴，兩眼圓
睜，非常猙獰，但細觀之又是頭對頭、嘴對嘴
的兩隻魚在親吻、在對話，使人遐想、深思。
這種畫法一直沿用到馬家窯類型時期。

半坡類型變體魚頭紋彩陶碗

甘肅省博物館收藏

　　此件彩陶碗，圖案的表現手法直接省去了魚身，而只表現魚的頭部，且共用一隻眼睛。表現手法更加概括，點、線、面組合得相當和諧，不可增減一筆，達到了天衣無縫的完美境界，真是神來之筆。望之讓人熱淚盈眶。

半坡類型三角魚紋彩陶缽

甘肅省博物館收藏

　　此件彩陶缽是由抽象魚紋演變成幾何形魚紋的代表作。把魚的各部分概括成幾何形，魚頭和魚身由三角形組成，大量運用陰陽三角紋表現魚頭、魚身，使整個圖案變成幾何紋樣，從而增強了藝術的感染力。

半坡類型魚紋彩陶盆

中國社會科學院考古研究所收藏

　　這件彩陶盆的畫法更加簡單，圖案化形象已變成一個高度概括的符號，半坡氏族先民的想像力已達到非常高的境界。

半坡類型人面魚紋彩陶盆

中國歷史博物館收藏

　　半坡類型彩陶盆內繪有人面紋與魚紋相結合的紋飾。學術界對這種紋飾有不同的解釋，有人認為是圖騰崇拜的象徵，有人認為是原始文身習俗的寫照，有人認為是漁獵巫術的一種儀式，等等。

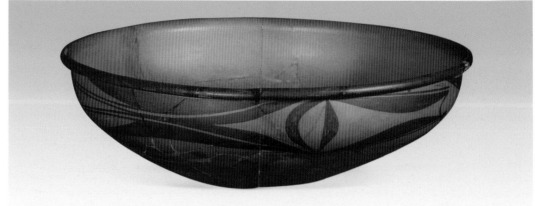

半坡類型魚紋彩陶盆　　　　　　　　　　　　　　　　　甘肅省博物館收藏

　　甘肅省秦安大地灣出土的這件彩陶盆是半坡類型晚期魚紋的典型樣式，魚頭已變得非常誇張、抽象，把魚嘴的上頜和下頜拉長，上下對稱，以圖案化的形式加以表現。整個圖案雍容華貴，富有韻律。

半坡類型人面彩陶盆

西安市半坡博物館收藏

　　此盆是半坡時期兒童的葬具，用細泥紅陶燒製，口沿略加裝飾，盆內飾有對稱的兩組人面魚紋。人面呈圓形，頭上有三角形裝飾，耳部有向外的柳枝飾物，口部的兩側有雙魚，旁邊還飾有圖案化的魚紋。在這件作品中，人面造型幾乎全用三角形構成，形成繪畫的主體紋樣，加上附屬小魚的圖案，畫面主次分明。人面圓睜著雙眼似乎正向人們訴說著什麼，寓意深刻，顯示出既簡練又誇張的藝術表現手法。

半坡類型人面魚紋彩陶盆

西安市半坡博物館收藏

　　神秘的人面魚紋圖案，對其含義的解釋衆說紛紜。在古代傳說中，周人的始祖後稷在死後身子化作了魚。這也說明人格化的魚紋是半坡氏族的圖騰紋樣。這件彩陶盆的紋樣就直接地畫成了人頭魚身，奇特的是人的兩隻耳朵好像是放射光芒的兩個太陽，或許是為了和魚身刺的裝飾相對應，因而把耳朵畫成了這樣。

半坡類型人面魚紋彩陶盆
西安市半坡博物館收藏

　　半坡類型人面魚紋彩陶盆的紋樣畫法基本是大同小異。講對稱是它們的共同特點，盆內兩邊是人面魚紋，兩側是附屬的小魚。人面魚紋也是上下左右對稱，兩耳朵用小魚裝飾，嘴的兩角也是小魚。這件彩陶盆的兩隻耳朵為柳條飾物，人面魚紋的上方有一個交叉的裝飾十字紋。

廟底溝類型魚紋壺
河南省博物館收藏

　　河南省唐河茅草寺出土的這件仰韶文化廟底溝類型的彩陶壺，其肩腹部用黑白紅三色繪有一周八條魚紋，橫向排列的八條魚頭朝一個方向，在水中整齊地向前游動，上下兩條裝飾橫線，形成魚兒游動圖案裝飾的秩序美。魚的畫法既簡單又寫實，把魚兒在水中快活的神態展現得淋漓盡致。

半坡類型人面魚紋彩陶尖底罐
西安市半坡博物館收藏

　　這件彩陶尖底罐（已殘缺）上面的人面魚紋設計也很奇特。圓形的人面被分成三部分，上部是兩邊被染黑的額頭，可能是文面習俗的反映；中部畫眼鼻；下部是人嘴和兩側相連的魚紋的頭，人的嘴似對口魚頭。人面的左右耳部各牽引著一條小魚，有一種飄動感。在人面頭頂錐形髻和魚的鰭刺用圓點裝飾，從整體圖案看，點、線、面達到了完美的結合，圓中有方、曲中有直、動中有靜，符合人的審美習慣，所以它是一件非常精美的藝術作品。

廟底溝類型雙魚紋瓶

蘭州馬家窯文化研究會收藏

　　這件 2004 年出土於甘肅臨洮的仰韶文化廟底溝類型的彩陶盆，泥質紅陶，有橙黃色陶衣，短頸斂口，頸以下為喇叭形狀，大平圈底，器身繪連體並排雙魚紋。畫法工整、裝飾成陰陽三角形紋飾，畫面樸素簡潔，生動明快，富有藝術趣味，明顯繼承了半坡類型魚紋的風格樣式。

半坡類型人面鳥魚紋葫蘆瓶

西安市半坡博物館收藏

　　陝西臨潼出土半坡類型、人面鳥魚紋葫蘆瓶別具一格。葫蘆瓶上有以鳥紋為中心與弧邊三角紋、弧旋形三角紋相組合的四組紋飾，分列於葫蘆瓶正反兩面，葫蘆瓶耳部一側為上下相對兩條魚紋，另一側為組合三角紋。葫蘆瓶從上到下可以看作人面，其雙眼眯成一條縫，中間為太陽鳥的頭部，下部為魚的頭部，人、鳥、魚用弧邊三角紋和旋形三角紋相組合，象徵鳥的翅膀和魚身魚尾。人的眼睛上方用三個錐形表示頭部的髮髻。整體圖案設計奇妙，構思新穎，生動明快，使陶器的器型和圖案達到了完美的結合，為人們展示出一幅神秘莫測的人文大自然景觀。

圖一

圖二

馬家窯類型魚紋罐

中國農業博物館收藏（作者捐贈）

　　作者 2000 年捐贈中國農業博物館的魚紋彩陶盆，出土於蘭州連城。此盆明顯繼承了半坡類型魚紋的特點，手法屬於寫實一類。

　　圖一，兩條魚畫得活靈活現，似在水中游動。圖二，兩條魚有裝飾意味，屬於陰陽對口魚。圖三，一條魚畫得較長，顯然是一個長條魚的品種，此魚紋占了整個罐子上腹周長的一半。四條魚全用黑色圖紋留底陰陽畫成，畫法姿態各異，手法樸拙大氣，顯示出西北先民粗獷豪放的氣度。此罐陶質較粗糙，燒製溫度也沒有半坡時期高，屬於大夏河流域馬家窯文化類型，但從魚紋的表現手法來看，卻是這一時期難得的一件藝術精品。

圖三

馬家窯類型魚紋壺

私人收藏

　　壺的腹部繪滿網格表示魚網，有四條魚兒對稱地畫在網上，兩條頭朝上，兩條頭朝下，魚畫得很活潑。把魚和漁網組合在一起更能反映出繪畫的主題。

邊家林類型魚紋盆

中國農業博物館收藏（作者捐贈）

　　此盆的畫法已和半坡類型、馬家窯類型大為不同，原始先民獨出新意，在盆內壁畫出了三個大魚頭，眼睛用留白的圓點代替，魚頭畫成黑色，用人字形的平行複線排列表示魚鱗，具有一種裝飾美。盆的中間形成一個穩定的三角形，盆的邊沿畫成留底的小波紋。

馬廠類型魚紋盆

中國農業博物館收藏（作者捐贈）

　　此盆用黑紅二彩繪製而成，魚身留底為眾多圓點，魚身邊沿畫成魚刺，盆底用紅色畫成圓圈，圓圈內有十字紋，兩條魚圍繞十字的圓圈游動。

馬廠類型魚紋盆

私人收藏

　　這件彩陶盆用紅彩繪以粗橫線，橫線裏有眾多小魚在游動，這是一幅寫實的生活場景，可能是原始先民對水田裏養魚的場面有感而發的藝術創作。

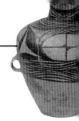

馬廠類型魚紋壺

中國農業博物館收藏（作者捐贈）

　　此件馬廠早期的彩陶壺，全用紅彩在壺的肩腹部繪以網紋、魚紋。五條魚的裝飾很特別，菱形裏面一點，既象徵魚又象徵魚的眼睛。這種極端簡化了的魚的圖案構成很有意思，加上魚紋的陪襯，顯得圖案創意奇妙，意境深遠。這是一件馬廠時期魚紋壺中的精品，具有很高的藝術價值。

齊家文化魚紋罐　　　　　　　　　　　　　　　　　　　　私人收藏

　　這件變形魚紋罐，通體用紅彩繪成紋飾，罐的口沿處和頸下部繪兩圈貝紋，腹部寬折帶三角紋裏繪有大小不等的圖案化的魚紋，魚紋以網格菱形繪成，寓意為田間水裏有衆多的魚在遨游。繪畫手法別緻，畫面華麗繁縟，意境深遠，是一件難得的藝術精品。

自由的象徵——鳥紋、動物紋

新石器時代至青銅時代都有不少魚鳥的圖案。莊子《逍遙遊》中「鯤鵬」指鯤為魚，鵬為鳥。古代傳說日中有金鳥，古代藝術中也多有射日的圖像，被射落的太陽變成一隻大鳥，因此鳥成為太陽的代稱。

距今7000多年的河姆渡文化，象牙片上刻有雙鳥朝陽的圖像，兩個鳥頭形象在散發著光芒的日輪兩側，彷彿在簇擁著太陽。良渚文化玉器和陶器上也刻繪有不少鳥紋與太陽紋的圖像。新石器時代更多的太陽鳥圖像，見之於仰韶文化半坡、廟底溝類型彩陶和馬家窯文化彩陶。在彩陶花紋中有鳥紋和魚紋的組合，有日月輪迴、寒熱陰陽交替和季節劃分的寓意，再現了自然變化的普遍規律。所以彩陶花紋上的鳥紋是以太陽鳥的形象存在的。

仰韶文化各個類型的彩陶中，有的鳥在天空中自由飛翔，有的在地上歡快地奔跑。有的鳥紋背上有太陽紋，像鳥背著太陽飛起，同時還有多種以幾何形變體組合的符號出現，這充分說明古代太陽鳥的神話在新石器時代的彩陶上就有所體現。

西安半坡遺址曾出土有鳥紋的殘陶片，廟底溝類型的鳥紋彩陶在陝西、山西、河南均有出土。在一件廟底溝類型的彩陶片上，繪著姿態優美的側面鳥紋，鳥嘴張開，作鳴叫狀，尾羽上翹，正展翅飛翔。在飛鳥背部的上方有一大圓點，被認為是太陽紋。中原地區大河村文化彩陶有多足的變體鳥紋，這和三足鳥一樣，表示太陽鳥有著超凡的能力。大河村文化彩陶的多足變體鳥紋常和有光芒的太陽紋組合在一起，有的多足變體鳥紋的頭部畫成紅色，更加渲染出太陽鳥給人們帶來光明和希望的感覺。在寶雞北首嶺發現的一件大頭細頸壺上，繪一鳥銜蟲，相當生動。

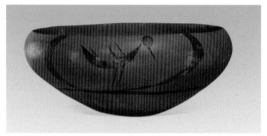

廟底溝類型鳥紋彩陶缽
中國社會科學院考古研究所收藏

這件彩陶缽是廟底溝類型早期的作品，鳥紋呈影像效果，用比較寫實的手法簡潔鮮明地表現了振翅欲飛的鳥的形象，鳥頭好像太陽，周圍的圓圈好似月亮。原始陶工的創意是要畫他們心中的日月鳥。

廟底溝類型鳥紋彩陶缽
中國社會科學院考古研究所收藏

這件鳥紋彩陶缽同樣用影像的手法畫出展翅飛翔的鳥的形象。用筆簡單概括，幾乎是符號化的描寫手法，把鳥迎著太陽在空中翔翔的英姿表現得栩栩如生，活靈活現。

廟底溝期的鳥紋就多了，尤以陝西華縣泉護村和華陰西關堡發現的最多。陝縣廟底溝、山西芮城大禹渡、甘肅大地灣等地也有一些。鳥的形象多種多樣，有的似在啄食，有的佇立張望，有的振翅欲飛，有的則在空中翱翔。早期的鳥紋還是比較寫實的，到廟底溝類型晚期已被概括得非常抽象。有的描繪正面的飛鳥紋，以圓點代表鳥頭，以弧邊三角紋表示展翼的鳥身。

還有一些變體鳥紋組成的圖案，採取了自由的形式，像散開的翅羽漫天飛舞。尤其是一些彩陶瓶所描繪的飛鳥，圍著瓶的器壁組成二方連續的圖案，鳥紋以圓點、弧邊三角形、弧線和斜線為基本元素，形成旋轉的圖式。表示飛鳥的鳥形不斷變化，在天空翱翔、回旋、翻騰、飄逸和自由升騰的景象。把簡化抽象的紋飾圖案和器型完美結合，使藝術效果既統一又和諧。

鳥紋發展到馬家窯時期就十分簡單。以一個圓點表示鳥頭，用三條柳葉狀物表示鳥身和展開的雙翅，有的也用一根條紋表示鳥身，鳥的雙翅作反方向的旋舞，鳥的翅羽被分散表現，成為火焰狀的紋樣。有的鳥紋甚至省去了頭部，只有羽翼狀的鳥身。雖然辛店文化時期的陶器沒有廟底溝類型那麼精美，但鳥紋的表現又達到了一個高峰，各種鳥紋與日月、動物的組合層出不窮，且隨著器型去描繪，形態更加逼真，姿態多種多樣。鳥紋從單隻到群體都有不同樣式的表現，從中還可以看出鳥的種類，是和平鴿和鴕鳥的形象。由黃河彩陶紋樣中升騰而起的陽鳥紋，在中國歷史發展的長河中，成為中國傳統圖案的經典紋樣，充分說明人類和大自然和諧相處是多麼的重要。

仰韶文化鸛魚石斧缸

中國歷史博物館收藏

1978 年出土於河南臨汝閻村仰韶文化彩繪鸛魚石斧缸是一件堪與印第安人的圖騰柱相媲美的藝術作品。該缸上的長喙、高足、短尾的白色鸛鳥用沒骨法畫成。鳥喙銜的魚和鸛鳥前立著的長斧，用黑線勾勒而成，而且填充白色，運用了較為複雜的繪畫技巧。關於鸛魚石斧圖的含意，眾說紛紜。有說陶缸是甕棺，白鸛和魚則是死者氏族崇拜的圖騰，石斧是死者生前的武器；有人認為，鸛鳥、魚分別為兩個氏族的圖騰，陶缸是氏族首長的甕棺，石斧代表首長的身份，首長生前曾率部打敗魚氏族，畫面記載了鸛氏族兼併魚氏族的歷史事件；還有人認為，這是遠古時期的生活圖畫，蒼蒼綠野，河水清澈，魚兒在水中游動，鸛鳥在岸邊嬉逐，突然一隻白鸛叼住一條魚兒……一派美好的田園風光。

仰韶文化魚鳥紋彩陶瓶

甘肅省博物館收藏

　　這件出土於甘肅廣河縣的馬家窯早期魚鳥紋彩陶瓶，泥質紅陶，通體施黑彩，以變體的三角紋、旋紋畫出魚和鳥的圖案，瓶頸、肩部以鳥頭為圓心，鳥身旋轉而繪成飛鳥紋，瓶腹部以三角紋、垂帳紋構成魚的幾何圖案。紋飾從瓶頸到腹部形成了旋轉的三層圖案，從而使其富有節奏變化又和諧統一。這是一件難得的仰韶文化晚期彩陶精品。

仰韶文化鳥紋罐

蘭州馬家窯研究會收藏

　　這件 2002 年出土於甘肅秦安大地灣仰韶文化中期的鳥形彩陶罐，泥質橙紅陶。敞口束頸，鼓腹平底，黑彩。腹部一周飾兩組連續主題圖案，每組由一個橢圓形網格葉片和弧邊鋸齒紋、弧邊三角紋組成。頸肩部飾四組變形鳥紋，線條舒暢柔美，繁簡適宜，雍容華貴。

仰韶文化鳥紋長頸瓶

私人收藏

　　此件彩陶瓶出土地點不詳，根據造型圖案紋飾判斷屬於甘肅大地灣文化。此瓶陶質細膩，做工精緻，是典型的仰韶文化廟底溝晚期作品。造型長頸圓腹，瓶腹部周圍繪有四組變形鳥紋，並裝飾有弧形三角紋。整個紋飾圍繞瓶子周圍旋轉，似鳥在天空自由地翱翔。

仰韶文化水鳥銜魚彩陶瓶
陝西省博物館收藏

陝西寶雞北首嶺出土，這幅圖畫在大頭細頸瓶的上腹部，水鳥向右側立，銜住一條魚，形象十分生動逼真，比較寫實。水鳥的身軀略呈橢圓菱形，喙稍長，足較短，似鳩類。水鳥啄著魚的尾部。魚已神化，是一條標準的泥鰍。基本形象為梯形狀獸頭，滿臉斑紋，方嘴，虎視眈眈的圓眼睛，三角形豎立的兩耳作警聽狀，弧形棍狀蛇體背部有斑點紋，有脊刺。這幅圖表現的水鳥不是入水捕魚，而是在岸邊逮魚，乃一幅寫實的生活畫面。

仰韶文化鳥紋瓶　　　　　私人收藏

廟底溝晚期的這件鳥紋彩陶瓶。細泥質紅陶瓶，敞口，圓腹收肩，頸肩部畫有二方連續變體鳥紋，腹部畫三角弧線旋轉，似魚的圖形又似植物類或葉紋，給人以撲朔迷離的感覺，使人遐想，回味無窮。整個圖案佈局有疏有密，有繁有簡，符合美學原理。

仰韶文化鳥紋瓶　　　　　私人收藏

這件鳥紋彩陶瓶和以上幾件屬同一時期的器物，畫法大同小異，但各有奇趣。或小口，或大口，或長頸，或短頸。圖案和畫法千變萬化，都是極度抽象的鳥兒在器物上任意佈局和描繪，似乎廟底溝類型晚期氏族畫工在向人們訴說著什麼，令人遐想萬千。

馬家窯類型鳥紋盆　　甘肅省博物館收藏

　　蘭州王保保城出土的這件彩陶盆裏繪有一隻符號化的鳥紋，鳥的頭用一個圓點表現，三條柳葉分別代表鳥的身體和兩個翅膀。這是太陽鳥的形式演化的，好似一隻鳥在天空中飛翔。盆口沿內壁繪一周十二個斜三角紋，口沿外側以兩個斜長回旋形三角紋相切割，其間以垂弧形紋相對應。盆內外的弧形條紋寓意為天空飛行的鳥，盆內外的弧線很有規律地旋動，既統一和諧又有變化，達到了藝術創作的高峰，即鳥在天空自由舒展、翱翔萬里。

馬家窯類型對鳥紋彩陶壺
甘肅省博物館收藏

　　出土於甘肅秦安楊農坪的這件彩陶壺上以兩耳為分界，繪兩組兩兩相對展翅飛翔的鳥紋。兩組鳥紋之間以相對的一組空心弧邊三角紋相間隔，組成一周圈紋飾帶。鳥頭為一橢圓中小點，兩鳥頭間的下方還有一圈圓點紋，作為太陽鳥形象的象徵。每組鳥的頭又似人的兩隻眼睛，這也有一種擬人化的象徵含義。整個圖案用抽象變體的手法描繪在陶壺上，形成一種神秘莫測、清麗雅致的藝術風格。

馬家窯變體飛鳥紋盆　　甘肅省博物館收藏

　　這件馬家窯類型變體飛鳥彩陶盆，紋飾十分抽象，已看不出鳥的形狀，而在盆內用弧邊三角形、弧線和斜線作為基本造型元素，組合成旋轉飛鳥的變幻形象，好像有一群鳥在天空翱翔。盆內盛水後圖案更加優美，靜中有動。

馬家窯類型翅羽紋壺
甘肅省博物館收藏

　　泥質黃陶，以黑彩在口沿和頸部繪寬帶紋，腹上部繪鳥羽、翅組成的花紋。鳥的紋飾更加簡練，乾脆省略了鳥頭，直接繪以飛動的羽翅紋飾。線條流暢，生動活潑，構圖新穎別緻。

馬家窯類型翅羽紋壺　　　　　　私人收藏

　　這件馬家窯類型翅羽紋彩陶壺省略了鳥的頭部和身體，僅在壺的頸部以下全用黑彩繪鳥羽、翅組成的花紋，像散開的翅羽漫天飛舞。陶器形體碩大，好像鳥兒鋪天蓋地向人們飛來，給人們展現的是一幅大自然的和諧圖畫。

馬家窯類型變體鳥紋罐
青海省文物考古研究所收藏

　　青海省同德縣宗日遺址出土的這件夾砂紅陶變體鳥紋彩陶罐，屬於馬家窯時期紅彩鳥紋彩陶，用寫實的手法在陶器肩部畫了一圈變體鳥紋，鳥的頭部有正面和側面兩種姿態，身體多作正面站立狀，誇張地增多了鳥足。從細長的頸和尖凸的喙來看，好像是一種水鳥，又像是站立的企鵝，更像盤旋於草原上的蒼鷹。

馬家窯類型鳥紋夾砂碗

青海省文物考古研究所收藏

　　出土於青海省同德縣宗日遺址的這件夾砂紅陶，以褐色在碗口的內沿畫了一周變體鳥紋，碗內有四組符號，底部有散發光芒的太陽。碗的外沿上部也同樣畫了一周變體鳥紋，不過碗內鳥的頭向內，而外沿鳥的頭是向下的，喻示鳥繞著太陽飛翔，是典型的太陽鳥紋飾。碗內外變體鳥的裝飾既統一又有變化，完美和諧，好像整個大自然都在煥發著一種生機，生活氣息相當濃郁。

半山類型鳥紋壺　　　　　私人收藏

　　這件壺是以鳥的造型設計製作而成，偏口為鳥的頭部，側面兩耳為鳥的雙翅，小鋬為鳥的尾巴。彩為黑紅二彩，背部兩側裝飾有鳥的紋樣，用圓圈代表鳥的頭，三個長條代表鳥的雙翅和鳥身。這是造型與繪畫完美結合的一件彩陶精品。

馬廠類型蛙紋鳥形壺

甘肅省博物館收藏

　　這件馬廠鳥形壺繼承了半山類型的特點，偏口，壺的後部有一表示尾羽的小凸，在鳥形壺的背部分別繪有兩個變體蛙紋，兩側有兩個圓球紋和雙耳。這是一件蛙鳥相合的馬廠時期的器物精品。

辛店文化鴕鳥紋罐
蘭州馬家窯文化研究會收藏

　　泥質土黃陶，長頸，小敞口。圓肩平底，頸部和腹部飾有對稱耳，腹部繪有動態各異的10隻鴕鳥。這充分說明當時的西北地區氣候溫暖、湖泊密佈，是適合鴕鳥及其他鳥類動物的棲息之地。

辛店文化太陽鳥紋罐　　　　　私人收藏

　　這件辛店文化彩陶罐很有特色，罐子肩部用影像式的寫實手法畫了一隻鳥，用雙勾技法畫了三隻對稱的鳥及四個太陽，頸部有捲曲紋，是典型的太陽鳥紋飾罐。

辛店文化鳥紋罐　　　　　私人收藏

　　這件辛店文化的鳥紋罐，鳥的畫法十分特別，用雙勾畫出鳥的身子，單線畫出張著的嘴和頭，兩條腿畫得更見生氣，有往前跑的姿態。罐子肩部的六隻鳥以不同的姿態朝一個方向有序地排列著，罐子的頸部有三角紋和捲曲紋。

辛店文化鳥紋罐　　　　　作者收藏

　　作者收藏的辛店文化類型的鳥形罐已成系列，從寫實到寫意，直至符號化的描繪，這件罐上的四隻鳥用單線兩筆勾成，但把鳥的神姿表現得活靈活現。

辛店文化雙鳥紋罐　　　　　　作者收藏

　　這件辛店文化的雙鳥彩陶罐高32公
分，腹徑21公分，口徑17公分，此罐在頸
與肩部之間對稱地畫有雙鳥，鳥為雙勾站立
狀，雖然只有簡單的幾筆像是和平鴿。罐子
的其他紋飾也是簡單明瞭，乾脆俐落，畫面
美觀。

辛店文化動物紋罐　　　　　　私人收藏

　　這件罐子紋飾中動物的畫法也很抽象、
概括，已完全圖案化、符號化，圖案的主要
紋飾與羊角紋相似，讓你去猜測這種動物是
狗、羊、鹿，還是什麼，任人遐想。但整個
圖案的組合很和諧，富有極強的動感，充分
顯示了草原文化的特點。

辛店文化鳥紋罐
作者收藏

　　這件辛店文化類型的鳥紋罐為夾砂紅陶，
器表打磨，有陶衣。敞大口，罐子的頸部和肩
部之間畫有對稱的兩個太陽紋和六隻鳥紋。天
空有太陽，鳥兒在草地上嬉戲奔跑，將一幅明
朗祥和的草原生活畫面表現得活靈活現。

辛店文化鳥紋罐　　　　　　作者收藏

　　這件辛店文化的鳥紋罐，鳥的紋飾更加簡潔，兩筆劃出鳥的形狀，兩點畫出鳥的腿，喻示鳥在往前奔跑。辛店先民畫工是那樣隨心所欲，自由揮灑，把鳥的神態畫活了。

辛店文化鳥紋罐　　　　　　作者收藏

　　辛店文化彩陶的器型紋飾都與中原先周文化近似。彩陶罐肩部有對稱的雙耳，夾砂褐陶，通體彩繪。頸、腹部有折帶紋、直紋、勾曲紋，肩部一周繪有六隻奔跑的鳥兒，雖然是單線畫成，但還是把鳥兒活潑生動的神態表現得淋漓盡致，極富草原生活氣息，是一件難得的佳品。

辛店文化鹿紋罐
私人收藏

　　辛店文化彩陶中的動物紋表現形式也是多種多樣。此鹿紋罐很有特色，在罐的頸下部有非常寫實的五隻鹿昂首奔跑，罐子的腹下部有一圈紅色寬帶紋，在寬帶紋裏有用黑色畫成的八隻鳥在飛翔。一幅草原生活的畫面呈現在人們面前，極富生活氣息。

先民形象的讚歌──人面紋及塑像

　　黃河彩陶中大量出土有陶塑人像和人物紋飾。渭河流域及黃河中上游地區的各類文化遺存中均有各種不同形式的陶塑出現，如陶壺、陶瓶等，尤其是陶塑人像種類繁多、形式豐富，通常包括圓雕人像和浮雕人像。

　　黃河流域的人像雕塑具有兩大特色，即實用性和象徵性。實用性就是作品總是將實用的功能放在第一位；所謂象徵性，即作品不追求形的逼真，而是以作品代表的意義為主要目的。

　　人面紋飾和人物紋飾在黃河流域各類文化遺存中均有不同形式的表現。這種紋飾主要以表現現實生活為主，以象徵性的圖案形式出現，體現本民族的圖騰崇拜。同時，也有遠古先民在製陶時的即興之作，並不像有些學者描述的那樣神秘，體現多種深奧的寓意，多數都是人類的自然模仿能力使然。

　　原始先民在長期勞動中，把大自然存在的一切事物運用到彩陶的製作中去，比如日月星辰、颶風下雨、閃電雷鳴、勞動耕作、捕魚狩獵等，都是他們描繪的對象和創作的主題。

半坡類型人面紋葫蘆瓶
西安半坡博物館收藏

　　這件出土於半坡遺址的彩陶葫蘆瓶，周圍以條屏的形式繪了4組人面紋。通體留底為陰紋，黑彩描繪為陽紋，展現出一幅奇妙怪異的畫面。人面的兩隻眼睛很圓，非常猙獰，目距很寬，人的鼻子用陰紋長橫線代替，下面畫著大張的嘴。眼睛上方又畫了同樣形狀的小嘴，可能是畫面對稱裝飾的需要，或代表一種寓意。整個葫蘆瓶通體滿繪，在不同角度均可看到一副人的面孔，可見當時陶工想像力之超群。

　　愛美是人類的天性。經考古發現，距今28000年前的舊石器時代，峙峪人製作了一件石墨裝飾品，該物是扁平橢圓形，鵝蛋大小，中央有穿孔，可繫繩佩掛。此外，靈武水洞溝遺址發現以鴕鳥蛋殼磨成的穿孔串珠，安陽小南海遺址發現一顆鑽孔石珠以及陽原虎頭梁曾發現用貝殼、鴕鳥蛋殼、鳥骨管製成的配飾物；北京周口店山頂洞遺址也發現百餘件裝飾品，包括雞心形鑽孔石墜、穿孔石珠、磨孔海生貝殼和鑽孔獸牙及骨管等。這些充分說明人們的勞動創造了財富，同樣也創造了藝術，原始先民愛美，表現美是他們的本能。

　　黃河流域出現的陶鼓、陶笛、陶鈴等遠古樂器證明了彩陶舞蹈盆的出現不是偶然的現象，原始先民在勞作之餘也有與現代人同樣的娛樂活動。他們在漁獵、耕作之後，晚上圍著篝火席地而坐，一邊欣賞陶工們製作的精美的彩陶用品，一邊放聲高歌或在泉邊翩翩起舞，一幅原始先民田園生活的美妙畫面浮現在人們的眼前。

半坡類型人面紋葫蘆瓶
西安半坡博物館收藏

　　這件彩陶葫蘆瓶用黑彩在瓶的腹頸處畫有二方連續的人面紋圖案，兩隻眼睛占了整個人面的大部，從葫蘆瓶任何一個角度看都是人的大眼睛。圖案構思巧妙、立意新穎、簡潔大方，是一件難得的半坡類型人面紋葫蘆瓶的精品。

半坡類型人面蛇紋瓶（局部）　　私人收藏

　　這件人面蛇紋尖底瓶由一位私人收藏家珍藏。紋飾繪製在尖底瓶的腹部，描繪手法比較寫實。兩條交尾蛇口吐信子扭動而上，中間是一個留有鬍鬚的壯年男人。人蛇共舞形象在以後的馬家窯文化時期較為多見，但在半坡時期是極其罕見的。這件人面蛇紋是氏族圖騰崇拜，還是有其他的寓意，是否是人們傳說中的伏羲女媧的雛形，還有待考證。

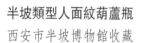

半坡類型人面紋葫蘆瓶

西安市半坡博物館收藏

　　仰韶文化有許多葫蘆形彩陶瓶的發現。這些彩陶瓶就是當時先民的日常用品。葫蘆瓶模擬葫蘆造型，其中間部位內凹而便於繫繩攜帶。有的葫蘆瓶又增加兩耳，使它更為方便實用。這件葫蘆瓶紋飾完全是以幾何線條來裝飾人面紋樣的，眉、眼、口全是抽象的圓形，既對稱又有變化。通常人面的雙眼畫法相同，而這只葫蘆瓶人面雙眼反差很大，似乎向人們展示一種怪異的表情，一眼微閉、一眼圓睜，鼻子中間用一根豎線從頭頂貫穿於下頜，把臉一分為二，看之又像一個面具。六千年前的原始先民給現代人展示了一副怪異神秘的表情，令多少專家、學者百思不得其解。

半坡類型人面紋葫蘆瓶

西安市半坡博物館收藏

　　這件出土於西安臨潼姜寨的彩陶葫蘆瓶，上部染為黑色，下部圍繞小圓等距離畫有四個圓點，可能象徵太陽。葫蘆瓶下部以豎線紋相切割，以六組單元紋飾組成一周紋飾帶（這可能是馬家窯、半山類型六扇葫蘆瓶的雛形），每一單元紋飾內畫一人面紋，一雙眼睛好似月亮，點上黑眼珠，臉上一張小嘴兩嘴角上挑，組合成一張祥和微笑的面孔。額角菱形內一點也可能是裝飾的需要。在陰底的紋飾上局部使用了白色的塗料。總之，這件人面葫蘆瓶和其他的人面葫蘆瓶不同，從人面的恐怖猙獰變為平和、笑容可掬，是一件難得的藝術精品。

廟底溝類型人面紋盆　　　　　　　　　　　　　　　　　河南省博物館收藏

　　出土於河南三門峽市仰韶文化廟底溝類型的這件彩陶盆，澄泥黃陶，盆外側上壁兩面畫有對稱的人面紋，用黑彩畫底留出陶底色，人面的眉、眼、鼻用黑色點出，兩人面之間，用兩條陰線間隔，畫法簡潔明瞭。

廟底溝類型人面盆
蘭州馬家窯文化研究會收藏

　　細泥質紅陶，斂口、圓腹、高足、溜肩，器表為白色陶衣，用黑彩繪人面紋，兩隻眼睛裝飾華麗，炯炯有神。造型莊重，圖案雍容華貴，是一件難得的珍品。

馬家窯類型人紋罐　　私人收藏

　　這件人紋彩陶罐體形碩大，畫工精美。屬於馬家窯文化的一件珍品。罐子的頭部畫一人臉，雙眼圓睜，鼻子及兩耳浮雕凸起。張口似笑的神態，眼睛下裝飾三條細線下垂。整個面部表情給人以平和親切的感覺，嘴雖然用簡單的兩筆劃出上下嘴唇，但已把笑的神態表現得惟妙惟肖，令觀者為之心動，好像一個原始先民就在眼前。罐子肩部至腹部全繪以旋轉的細線水紋，水紋裏並排四個圓，每個圓裏兩個站立人形象，頭部用圓點代替，但人的兩臂畫得和身子一樣長，並富有表情。這是一件難得的上乘之作，可以和名揚海內外的舞蹈人盆相媲美。此罐出土時，已破碎近百片，經收藏者黏合而成。2008年被中央電視臺「民間尋寶」走進蘭州節目組，評為蘭州市「民間國寶」。

馬家窯類型舞蹈紋盆　　　　　　　　　　　　青海省文物考古研究所收藏

　　這件1973年出土於青海大通縣上孫家寨馬家窯類型的舞蹈紋彩陶，在接近盆口的內壁上繪三組舞蹈紋飾帶，每組五人，皆腰繫獸皮，並肩攜手，歡快起舞。關於舞蹈紋的寓意，眾說紛紜，有人說畫面再現了氏族成員分組圍獵野獸的生動景象，有人說是為了慶祝或期待生產豐收而舉行某種儀式活動或純粹是載歌載舞的娛樂活動，還有人說是一種具有嚴肅性的巫術祈禱活動。從髮辮看跳舞者是女性。但對像尾巴的裝飾物，專家仍無定論，認為是仿動物尾巴的飾物，或化妝舞會，或因畫面對稱的需要而隨意畫的。

馬家窯類型雙人抬物盆

青海省文物考古研究所收藏

　　青海省宗日遺址出土的這件馬家窯類型雙人抬物彩陶盆內外黑彩，唇彩為斜三角紋，外彩為四組對稱二方連續圖案，構成優美和諧的圖案。在雙人抬物圖案中，畫工以圓點表示人的頭部，粗線描繪人的軀幹，細線表示人的四肢，兩人相向分腿而立，腰部微曲，雙手共抬一個碩大的圓形物體。寥寥幾筆就把雙人合力抬起物件的形象刻畫得惟妙惟肖，淋漓盡致。此陶盆代表了當時高超的技藝水準，真實、生動地紀錄了昔日先民勞動、生活的場景。

馬家窯類型舞蹈紋盆

青海省文物考古研究所收藏

　　出土於青海省的這件舞蹈紋盆也具有特色，盆內繪有兩組人，每組12人。用簡潔的圓點和細線畫出舞者的身姿，兩個圓點上下對稱，分別代表人的頭部和舞者的裙子。先民們勞動之餘，在大樹下、小湖邊或草地上、篝火旁，歡樂地手拉手集體跳舞和歌唱。你看他們那活躍、鮮明的舞蹈姿態，那麼輕盈齊整、協調一致、生意盎然、稚氣可愛。觀之，使人好像置身於先民那熱烈歡快的舞會之中，令人心曠神怡。

馬家窯類型人面紋盆　　　　　　　私人收藏

　　馬家窯類型的一些彩陶盆內畫有各式各樣的人面紋，有寫實的，有裝飾成圖案花紋的，但都可以明顯地辨認出眼、鼻和嘴的形狀。有的弧線三角紋簡化成魚身紋。人面魚身是仰韶文化各個類型常用的主要花紋。

馬家窯類型人魚紋罐　　　　　　　　　　　　私人收藏

　　此件彩陶罐用黑白二彩繪人紋和魚紋圖飾。在罐子的頸部和肩部之間畫有對稱的三人和二人手拉手的圖案以及對稱的網紋，人紋和網紋之間用變體魚紋相隔。魚紋和人紋的五官用白色點綴，人物紋整體排列，手拉著手，好像在表演一種集體舞蹈。這是一件精美的馬家窯類型的人魚紋罐，十分壯觀。

馬家窯類型人面紋壺　　　　　私人收藏

　　這件私人收藏的馬家窯彩陶壺，以黑彩繪成。壺口處還畫有人的兩隻眼睛，鼻子用手捏塑而成，壺口沿處的附耳作為人的兩隻耳朵，嘴用三角黑線表示。

半山類型人紋彩陶罐　　　　　私人收藏

　　泥質細陶，表面磨光，器形碩大、莊重。用黑紅二彩繪製而成。用網格葫蘆紋相隔，繪有兩人紋。人紋頭部較寫實，眼睛、鼻、嘴較明顯，兩手指對稱地畫有上下兩組，可能代表一種寓意，或是裝飾的需要。身體兩旁畫有刺狀的圖案，是表示人體的肋骨，或表示原始先民穿戴的一種由植物編製成的衣服或裙子。人身周圍滿繪十字紋，滿天飛舞的雪片或表示下雨，還有人認為是晚上滿天的星斗或原始人勞動播種的場面。這是半山類型中難得的一件彩陶精品。

半山類型人紋罐　　　　　　　　　私人收藏

這件邊家林晚期半山類型的彩陶罐，形體較大。在罐子的肩、腹部以黑紅彩滿繪人紋圖飾，把罐子器壁分為四個部分，用堆塑的四條彎曲的蛇把四個人紋分開。人紋和堆塑的蛇紋用紫紅彩以鋸齒紋來表現。人的頭為圓圈，五官用弧線代替。兩肢及腿用粗線畫成。中國遠古傳說中的神、神人或英雄大抵都是人首蛇身。這也許是包含了當時氏族的圖騰、符號或標誌。

半山類型人紋彩陶罐

甘肅省馬家窯文化研究會收藏

頭部只用一個大圓圈代表，兩臂展開，手指非常寫實，兩腿叉開。奇特的是人腰間兩側裝飾有刺狀的紋飾，不知是代表當時遮雨的蓑衣，還是原始先民看到人死後的遺骨時，把人的肋骨畫到了畫面上。人紋雙手展開是撒種耕作狀，還是面對大自然的疾風驟雨，亦或是夜晚的滿天星辰。這些只能留給人們去猜測、去遐想。

馬廠類型人紋彩陶壺　　　　　　　　　　　　　　　　　私人收藏

這是一件半山晚期馬廠早期的人紋彩陶壺。此壺體積碩大，圖案黑紅二彩繪製而成。兩個人紋四肢特長，張牙舞爪，趴在碩大的器壁上，具有王者的風範。兩人之間用曲折寬帶紋間隔。有專家認為這是氏族圖騰的符號，有人認為是當時原始人的眞實描寫，也有人認為是蛇紋和神人紋的變異體。總之，它是一件體積碩大的人紋圖案，一件馬廠類型彩陶的精品，具有很高的藝術價值。

半山類型人面紋壺（局部）

私人收藏

這件彩陶壺繪畫手法非常特別。直接在壺的兩側腹部畫了非常抽象的兩隻眼睛，鼻子、嘴完全沒有畫出，甚至連人頭的外部輪廓也沒有畫出，把整個圓鼓的壺當成了人的頭形。用黑紅兩色寬帶旋轉的線勾出了人的眼睛，炯炯有神，展示出奇特神妙的人物形象。構思奇巧、構圖大膽、抽象概括、乾脆俐落，極具視覺衝擊力。

半山類型人紋壺

臨夏回族自治州博物館收藏

此壺腹部對稱地畫有四個人紋，人紋之間用菱形組成的四個圓作間隔。人紋的頭部畫成圓，中間一點和間隔的圓形相似，四肢畫得極為簡單，人紋用紅彩畫成，沿紅彩畫一周黑彩，並一邊裝飾為鋸齒紋。這是半山類型的典型畫法。圖案的構思好像是四個小孩在田間玩耍，四組小圓圈可能是果子或者小孩的玩具。這是一件很耐人尋味的藝術作品。

馬廠類型人紋瓶

中國農業博物館收藏（作者捐贈）

罐子兩側繪有變形抽象的兩個人紋，四肢展開，頭部和生殖器用圓及圓點來代替，兩個人紋之間大圓圈裏套四個小圓圈網格紋，小圓圈也有變化。人紋與大圓圈之間有幾何紋。整個瓶子用黑紅二彩繪製紋飾，利用底紋的橙黃色而襯托出人紋的圖案。此瓶器形飽滿，圖案設計奇妙，繪畫工細，富麗堂皇。

馬廠類型人紋瓶　　　　　　私人收藏

　　這件馬廠類型人紋瓶，通體用黑褐色粗細線繪製而成，瓶子腹部用寬帶折線紋間隔成四個三角形，每個三角形用粗、細線畫了一個人四肢展開狀，頭部用一個小圓圈代替，未畫五官，下肢叉開狀，很是威武。瓶通體有八個三角形和八個同類型人紋，有如秦始皇兵馬俑的壯觀場面。

四壩文化長裙人紋罐
甘肅省博物館收藏

　　出土於甘肅酒泉市東南甘骨崖四壩文化遺址的長裙舞人紋罐，上面描繪著15位比較寫實的站立人物。這些人物被分成5組，每組都是三人並立、形態相同。這些人都以比較抽象的符號來表示，圓的頭、三角形的上衣和裙子，把人拉長，以示修長的身體在輕盈漫步，栩栩如生地向人們展示著舞蹈動作。人物造型和圖案裝飾達到了完美的結合，表現了舞者的肢體語言和創造者的意境設計。

辛店文化人紋壺　　　甘肅省博物館收藏

　　出土於甘肅省東鄉縣河灘鄉祈楊村鹽場的辛店文化人紋彩陶壺，器形碩大，器高41.2公分，器形長頸，上斂下闊，而口稍移斜肩，下腹內收，有寬帶中凸型對稱耳，平底。淺橙黃色器表，黑彩繪紋飾，頸部繪變體連續回紋及旋紋、水波紋一周。主體紋飾繪於肩腹間，為對稱的兩組複體雙勾羊角紋，中夾兩組獸首人身紋。兩組獸首人身紋的畫法基本相同。雙勾羊角紋乃辛店文化彩陶最典型的紋樣，獸紋雖多見，但獸首人身紋在新石器時代彩陶中僅此一例。創作者是隨筆為之，還是賦予一種什麼寓意，今人不得而知。

仰韶文化彩塑人頭像

寶雞市博物館收藏

　　出土於陝西省寶雞市北首嶺的這件彩陶人頭像屬於仰韶文化時期。頭像平頭頂，臉型橢圓，粗眉大眼，鼻呈三角高直狀，張嘴圓腮，兩耳呈半圓形，下部還有穿孔，是一個顏面豐滿的壯年男子的形象。它的特點是把雕塑與繪畫結合起來，眉毛與鬍鬚是用黑彩繪成的，這樣更增強了人物的真實性。

辛店文化人頭形罐　　作者收藏

　　這件辛店文化人頭紋形罐。創作者把罐作為人的頭形去進行紋飾設計的，罐子的腹部兩側各繪兩隻眼睛，眼睛的設計為雙太陽紋，太陽的光芒為眼睫毛，大太陽內套的小太陽為眼珠，兩眼之間的兩道豎線作為人中鼻梁，罐子的口部及頸部為人的帽子，罐底為凹形，表示人的嘴，罐兩側耳為人的耳朵。可見辛店先民豐富的想像力，構思奇特，把造型與繪畫和諧地結合在了一起。

辛店文化雙人紋罐
蘭州馬家窯文化研究會收藏

　　頸部有對稱雙耳，高鼓腹，凹底。口沿飾寬帶紋，頸肩腹部兩側繪有兩人紋，頭側面微斜，兩上肢展開為一橫線，軀體為豎線，下肢展開為曲線，人物動態舒展優美。寫實的人紋和罐子的器形達到了完美的結合，既樸素簡潔又生動明快。

石嶺下類型陶塑人面像
甘肅省博物館收藏

　　1976年在甘肅天水柴家坪出土的這件彩陶塑人面像，殘高25.5公分，寬16公分，細泥紅陶質，額上有隆起的頭髮，眉弓清晰，兩眼和嘴巴鏤空，人中也刻畫得一絲不苟。立體感強，神態逼真，表情顯得真切自然，極具神韻。

仰韶文化陶塑少女頭像

甘肅省博物館收藏

　　甘肅禮縣高寺頭1964年出土的圓錐少女頭像，原為陶器的上部，殘高12.5公分，用堆塑與鏤雕相結合的手法製成，陶質橙黃。額上用泥條堆塑髮辮，臉型圓潤豐滿，五官部位細膩妥帖。人頭像敦厚而飽滿，憨態可掬，藝術手法頗為洗練概括。

仰韶文化人頭形口彩陶瓶

甘肅省博物館收藏

　　甘肅省秦安縣大地灣出土的這件人頭形口彩陶瓶。器口做成圓雕的人頭像，設置在葫蘆形彩陶瓶的口部，橢圓形的瓶腹彷彿是人的身體，構成了人形的彩陶器。頭部造型極度寫實，五官比例準確。人頭形象塑造得細緻生動，尤其是頭髮的髮式刻畫得十分細膩。前額垂著一排整齊的短髮，高高的鼻頭，眼和鼻雕成洞孔，因而顯得目光深邃，帶有勇敢而堅毅的神情。嘴微張著似正在言語，雙耳有繫掛飾物的小穿孔。腹部用黑色繪著由弧邊三角形、斜線、變體鳥紋組成的圖案，使人形彩陶瓶宛如穿著花衣的少女。

仰韶文化紅陶人頭壺

西安市半坡博物館收藏

　　陝西洛南出土的這件紅陶人頭壺。通高23公分，壺口捏塑微微昂首的女孩頭像，顯示出秀麗恬靜的神態，洋溢著美少女天真爛漫的青春氣息。

石嶺下類型人頭瓶

甘肅省博物館收藏

　　出土於甘肅秦安縣的這件人頭瓶，泥質為經素陶，器口呈人頭形，平底，五官比例精確，面部神態自然，似為少年肖像，既是實用器又是具有藝術價值的工藝品，為馬家窰文化陶器之精品。

馬家窰類型陶塑人頭像

甘谷縣博物館收藏

　　出土於甘肅省甘谷縣的這件陶塑人頭像，高6公分，寬3公分，泥質紅陶。人頭頂稍殘缺，長臉型，堆塑錐狀於兩顴至兩腮，雙眼及口皆鏤空，高鼻，深目，顯然這是原始人的形象。

半山類型人頭像陶器蓋

甘肅省博物館收藏

　　出土於甘肅廣河的這件半山類型的人頭像彩陶器蓋，光禿的頭頂，滿臉的鬍鬚，下垂的眼袋，活靈活現地勾畫出一個老者的形象。頭像頸部黑紅相間的弦紋、鋸齒紋是半山時期早期的特徵。

馬家窯類型浮雕人面紋　　天水市博物館收藏

　　出土於甘肅天水師趙村馬家窯類型的彩陶罐，採取浮雕和彩繪相結合的手法，描繪出一個青春少年的形象，頭部雕出眼、眉、鼻，雙眼及嘴鏤空，額頂上有堆塑的髮髻。用黑色畫出少女的頭髮圍巾，兩肢張開，軀幹內畫出肋骨的紋飾，一個遠古少女的形象呼之欲出。

馬廠類型人頭像彩陶壺

青海省文物考古研究所收藏

　　青海樂都柳灣遺址也出土了一件頭形彩陶壺，此壺頸部為人頭形，以捏塑手法展現了人頭形紋及五官特徵，並在頭及臉部用黑彩在不同部位作了點綴，使人面部的花紋和壺身的花紋相呼應。彩陶壺自頸部有寬帶紋兩圈，頸部至耳部繪有四組圈旋紋。有人認為是指紋，有人認為是擬日紋，給人們的生活帶來了幸福的寓意。

馬廠類型彩繪捏塑人首形器蓋

甘肅省博物館收藏

　　出土於甘肅省臨夏市馬廠類型的這件彩陶捏塑人頭很有特點，鼻梁高聳，深目，神態昂然。這種形象在臨夏街頭隨處可見，說明原始氏族畫工已具備高超的寫實能力。

馬廠類型浮雕人像壺　　中國歷史博物館收藏

　　青海樂都柳灣遺址出土的馬廠類型彩陶壺，正面從頸部至耳部的範圍內，有一捏塑的全身人像，人像兩側分別為兩個相套疊的圓圈網紋，與人形紋相對應有一簡化的變體神人紋。該彩陶人形的形象為全身裸體形態，在彩陶形式中頗為獨特，其器官有兩性特徵而引起了學術界熱烈爭論。有的稱其為男性，也有人稱其為女性，還有人稱其為兩性雙身的陰陽人。彩陶上的浮雕人像和彩繪神人紋，是人神兩種不同形式在這件陶器上的不同表現。

馬廠類型人頭像壺　　私人收藏

　　這件私人收藏的馬廠類型人頭像彩陶壺很有特色。人頭作為壺口的一種裝飾而存在，它占了壺口上方的三分之二。此壺形象非常奇特，和北京的猿人有些相似，兩隻眼睛堆塑在了頭頂上，高鼻梁，有兩個鼻孔，嘴微張。臉部用橫豎線代表當時的文面習慣，同時也是為了和壺體的花紋統一協調。從人頭部正、側面看均是典型的原始人形象，而且有一種霸氣。壺體的四個圓球裝飾為菱形紋，從正面看好像是人的肚子。陶器著紅衣磨光，是一件很難得的彩陶精品。

馬廠類型人頭形彩陶壺

青海省文物考古研究所收藏

　　青海樂都柳灣出土的這件彩陶壺，在壺一側的頸下塑以鏊形的人頭。面部表情茫然，眼睛、鼻孔、嘴及兩耳鏤空，眼下畫有條紋般的眼淚，好像人在嚎啕大哭。頭下連接蛙紋肢體，作八字狀，又繞至後腦部位，很像兩腿屈至身後抱著頭部的現代雜技動作。

辛店文化人足形彩陶罐

甘肅省文物考古研究所收藏

　　這件出土於甘肅河西的人足形彩陶罐，敞口、曲頸、圓腹、雙足，器如人形。口沿及器表黑色彩繪菱形網紋，猶如身穿外衣，雍容華麗。造型藝術與彩繪達到了完美的結合，真實地再現了3000年前皮靴的樣式，展現了黃河上游遠古牧民的生活風俗。

四壩文化人形俑

甘肅省文物考古研究所收藏

　　這件出土於甘肅玉門火燒溝的彩陶俑屬於四壩文化時期。俑高21公分，陶俑屬於中空，頭頂平切成杯口。眉脊凸起，鼻梁高直，嘴唇厚重，面部表情極為逼真，兩眼洞穿，目視前方，目光深邃，頗具威嚴。人像雙腳並立，通體施紅色陶衣，上以黑色繪花紋。陶俑身著尖領上衣和貼身圍裙，腳穿誇張的翹頭大皮靴。這是一件罕見的遠古時期彩陶人俑。

自然界的神話——鯢魚紋、蛙紋、神人紋

　　在仰韶文化晚期即廟底溝類型的彩陶上出現的鯢魚紋，既寫實又抽象，把鯢魚人格化、形象化。原始先民在日常生活勞動中把所見所聞形象地描繪在了陶器上。甘肅省甘谷縣、武山縣、禮縣出土的三件鯢魚紋瓶就是典型的例子，畫的是小孩的頭部，鯢魚的身子。鯢魚俗稱娃娃魚，棲息在湍急的山澗溪流中，會發音，聲似嬰孩哭啼，面部短小如小兒，所以稱作娃娃魚。這種類似於人的鯢魚，原始先民視之為神物，往往被當成部族崇拜的神祇。

　　蛙紋的描繪最早見於半坡時期出土的一件魚蛙圖盆，到了馬家窯類型時期有不少的蛙紋彩陶出現。開始是寫實的，大多見於盆內的器壁上，後來逐漸演變成抽象的符號化圖案。蛙的頭用圓圈或者一個點來代替。不管怎樣變化，蛙還是蛙的形象，不可能變為所謂的人像。但到了半山類型時期蛙與人合而為一，即被人們稱為蛙紋、人紋，統稱神人紋。半山類型神人蛙紋的形象還是比較寫實，一般畫在彩陶壺上。在壺腹兩面各畫一個全身的神人蛙紋，手臂為兩節，向上傾斜。有的雙腿作叉立狀，身軀為條狀，頭部比較寫實，用一個大圓圈來表示。有的圓圈內裝飾成各種幾何圖案，有的用小圓圈代替人的五官，有的非常寫實地畫出了人的眼睛、鼻子、嘴巴等五官特徵。到半山類型晚期，神人蛙紋的樣式變得非常複雜，畫法也極度抽象。有些頭部變成一個圓圈，有大小不同的形狀。神人紋由單獨紋樣變成複合體的多組連續紋樣，就像馬家窯類型時期舞蹈人紋一樣，手拉手繞著壺罐的器壁旋轉。有的已省略掉了人的下半身，只表現人的上半身和兩肢爪，這種現象一直到馬廠類型的晚期為止。

　　在馬廠類型時期，這種神人蛙紋達到了極致。早期神人蛙紋的頭部非常誇張，在代表頭部的圓形裏，有千變萬化的圖案。變體抽象的神人蛙紋以各種樣式、多種組合的形態出現，而且不光是壺罐，還出現在盆、瓶、盤、豆等多種器皿上。

　　到了中晚期更有靈活多變、多姿多彩的神人蛙紋樣式出現，不僅有半工半寫的，而且還有簡筆大寫意的神人蛙紋出現。簡化到不能再簡的程度，有些簡化掉了神人蛙的頭部，把壺口變為神人蛙的口；有的只剩下肢爪紋、折帶紋，而且肢爪紋裝飾成萬字紋、十字紋的圖案。

　　有眾多專家學者認為，蛙紋後來完全演變成了人紋，即神人紋。但我認為它還是代表蛙。由於對蛙的崇拜，先民把它人格化了。這其中有眾多的原因：其一，青蛙是兩棲動物，能在水中生，會在地裏長，出入自由，而且青蛙產卵量非常大，繁殖能力極強，這與先民企盼多多繁衍後代的理念是一致的；其二，「蛙」與「媧」同音，「蜥蜴」又同「伏羲」音相近，女媧補天和伏羲演繹八卦的故事在當地流傳，女媧用土造人的傳說更是深入人心；其三，馬廠類型時期，水患是對先民的最大威脅，所以

要制服水患，保護田園，「蛙神」是神力無比的保護神，是抽象的、人格化的「蛙神」；其四，也就是大家比較認同的，在古代科學技術極其落後的情況下，古羌族先民注意到青蛙的鳴叫聲與風雨有著很大的關係，他們根據「青蛙叫，暴雨到」的現象和青蛙兩棲生存的能力，認為青蛙是一種能呼風喚雨、駕馭洪水的神靈，能給人傳遞風雨的訊息。由於青蛙有這種能力，於是羌族先民便對它產生了恐懼和崇拜。恐懼製造神，青蛙成了羌族先民的氏族圖騰、崇拜的偶像。而有的人認為青蛙演變而成的神人蛙紋是中國龍圖騰的雛形，這一觀點還在探討之中。

石嶺下類型鯢魚紋瓶

禮縣博物館收藏

　　這件石嶺下類型晚期的彩陶瓶上，將兩條變形彎曲的鯢魚紋左右對稱地組合在一起。鯢魚的頭部已完全消失，只剩下變體軀幹。鯢魚紋的下部則以變體的鳥紋組成旋轉的圖案。整個彩陶瓶圖案變化的多樣，極大地豐富了人們日常生活的情趣。

石嶺下類型鯢魚紋瓶

武山縣博物館收藏

　　這件石嶺下類型彩陶瓶上的人面鯢魚變得抽象化，鯢魚的身軀加寬，概括成彎月形，並採用規整的網格紋圖案。頭部繪成影像式，留出眼睛、嘴巴為陶底色。鯢魚的足畫成了左右對稱的六條，整個鯢魚彎著身子，造型極富傳奇色彩。

廟底溝類型鯢魚人首紋瓶

甘肅省博物館收藏

在出土於甘肅省甘谷縣的這件彩陶瓶腹部上，繪著鯢魚的單獨紋樣。鯢魚的臉部用直線繪出鬍鬚的紋樣，額和鼻梁處畫有十字紋。身子向右側彎曲，首尾相連，鯢身上只畫了一對上肢，肢端為四指，與鯢魚上肢長著四指的特徵是相符的。由於鯢魚的面部與人面相似，頜部有鬚，身上披鱗，像是傳說中的「蛇身人面」的伏羲雛形。這件鯢魚紋彩陶瓶有著很高的歷史和文化價值，被確定為國寶級文物。

半坡類型魚蛙紋盆

西安市半坡博物館收藏

盆內壁繪有相對應的兩組魚紋和兩個蛙紋。魚畫成影像式，蛙用非常寫實的手法以粗線和點繪成。蛙的頭部和四肢畫得既寫實又形象。蛙的頭部構形很美，三角形間隔畫出兩隻眼睛，又用圓點表現其凹凸不平的背，把蛙在盆中爬動的身姿描寫得活靈活現。

馬家窯類型蛙紋盆

甘肅省文物考古研究所收藏

馬家窯類型早期的蛙紋圖案在繼承石嶺下類型蛙紋寫實圖案的基礎上有所創新，這是因為彩陶發展到了馬家窯類型時期，達到了無與倫比的高峰。這件蛙紋盆畫工極為精美。青蛙已變成高度概括且富藝術性的青蛙，比寫實的畫法更優美、更傳神、更擬人化，達到了一種奇妙的境界。流動的水波紋處於一種和諧狀態，形成了極大的視覺衝擊力，從而產生動人心弦的美感。

石嶺下類型鯢魚紋盆

甘肅省文物考古研究所收藏

　　到了石嶺下晚期，彩陶上的鯢魚紋已變得極度抽象。這件彩陶盆上的鯢魚頭部和足部已完全消失，僅存一對彎月形的身子，作大攤開式圖案化的左右排列。

馬家窯類型蛙紋瓶

蘭州馬家窯文化研究會收藏

　　瓶腹部繪兩完整的蛙紋，頭部塗黑留出眼睛，蛙身及蛙周圍飾網格紋。蛙四足有動感，蛙頭部至尾部左右裝飾六個點紋，好像蝌蚪繞蛙而游。

馬家窯類型蛙紋盆　　　　　*私人收藏*

　　這件馬家窯類型時期彩陶盆蛙紋的畫法既寫實又抽象。蛙背的大圓，蛙頭、蛙尾的小圓和眼睛的小圓形成了大圓裏套小圓的藝術形式。水紋的律動和蛙四肢的律動形成了整個畫面的靈動感覺。盆裏盛水後，感覺蛙在水裏游動一般，從而製造出一種奇妙神幻的景象。

馬家窯類型蛙紋瓶　　　　　*私人收藏*

　　盆內用黑彩單線繪有一隻青蛙，形象比較寫實，兩隻眼睛和蛙背用點表示，四肢各有動態，活靈活現地表現了一隻青蛙在盆內爬動。比較奇妙的是有四隻蛙爪裝飾在盆的內壁，以斜線的形式圍繞在蛙的周圍，讓人感覺到蛙的周圍還有四隻蛙或者更多的蛙在游動，把人的注意力引向畫外，有意想不到的妙趣。

半山類型神人紋瓶

甘肅省博物館收藏

　　彩陶上的神人紋始於半山類型，終於馬廠類型晚期。這種紋飾應是部族標誌性的紋樣。但任何文化藝術的傳承都有一個源和流的問題，半山、馬廠時期的蛙紋是仰韶文化的延續，即馬家窯文化的寫實蛙紋。半山、馬廠時期青蛙由於人們的崇拜或圖騰的需要而人格化了，變成蛙神，即神人。

馬廠類型神人紋罐

私人收藏

　　此件彩陶罐腹部繪有一周五個神人蛙紋圖案，好像五個頑童在嬉戲玩耍，極富生活氣息。

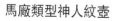

馬廠類型神人紋壺

私人收藏

　　這件馬廠類型的彩陶壺，蛙的畫法擬人化，是一個典型且具有代表性的神人蛙。從肢體毛的發達看是一個雄壯的男性神人，其造型手法很像隴東的民間剪紙，神人抱雙球也是馬廠類型普遍的圖案形式。

馬廠類型神人紋壺　　　　　　　作者收藏

　　這件是半山晚期、馬廠早期的神人紋壺。神人紋以單獨紋樣對稱地和雙球間隔地出現在彩陶壺上。雙球內為十字紋、網格紋裝飾。人紋只有圓球狀的頭和上半身紋飾。顯然，人紋是從魚、蛙演變而來。

　　原始先民把蛙當人、神去對待，蛙就是人，蛙就是神，也可以稱為神人蛙紋。這件彩陶壺在當時就已破碎，但他們在沿壺破碎的地方旁邊對稱地鑽了20個孔，用繩子來固定，可見當時燒製一件彩陶也是不易的。

馬廠類型蛙紋壺

中國農業博物館收藏（作者捐贈）

　　蛙的頭部已經消失，把壺的口作為蛙的頭部去設計圖案，蛙的軀幹變成長方形。肢體增多，採取連肢體狀的描繪，使人聯想有眾多的蛙在翩翩起舞。

馬廠類型蛙紋盆　　　　　　　私人收藏

　　此盆四耳,盆內用黑紅二彩繪以蛙紋圖飾,盆底蛙的軀幹為圓形,蛙的頭已省略,而蛙的肢體增多,在盆內畫成折帶旋狀,極似一個蛙在盆內屈肢趴臥狀。這是一件半山晚期、馬廠早期的蛙紋彩陶盆,明顯有半山鋸齒紋的樣式。蛙紋的設計獨特而新穎,加上四耳的裝飾,更是錦上添花。

馬廠類型蛙紋罐

中國農業博物館收藏(作者捐贈)

　　這件是馬廠類型早期的彩陶罐。畫法十分繁麗精美,罐以大齒紋黑彩繪成,黑紅二彩繪製的蛙紋,從俯視角度看似五角星,在折肢蛙紋形成的大小10個三角形裏,隨意畫出小圓點,是表示蛙田裏有眾多的蝌蚪圍繞,還是裝飾成的雨點或者是神人播種,我們不得而知。

馬廠類型神人紋碗　　　　　　私人收藏

　　這件繪在碗裏的神人紋特有意思,是兩個神人還是神人的上下肢?兩個圓點是為了裝飾需要還是代表神人的兩隻眼睛?這種構圖構思既簡單又發人深思,引人遐想,極富現代感。

馬廠類型蛙紋罐　　　　　　　私人收藏

　　此罐蛙爪紋的畫法又有了新的變化,罐的頸、腹部一圈均採用肢爪的裝飾,使罐子的圖案成了肢爪系列狀。這樣更增加了圖案的美感,視覺衝擊力更強。

馬廠類型神人紋壺　　　　作者收藏

這件馬廠類型的神人紋壺的人紋軀幹已消失，只剩肢體裝飾成折帶紋，但黑紅二彩的裝飾不失風采。

馬廠類型肢爪卍字紋
中國農業博物館收藏（作者捐贈）

把蛙的肢爪裝飾成旋轉的卍字紋是馬廠時期氏族畫工的一大發明，這喻示了一種圖騰符號和象徵文字即將產生。

馬廠類型神人紋壺
作者收藏

蛙的身體已變成一根粗狀的豎線，肢體也變成幾何形狀的折帶紋。這個時期的馬廠類型彩陶，已顯露出衰敗的跡象。但這種畫法粗獷有力，大氣磅礴，近似於現代的水墨寫意畫，別有一番韻致。

馬廠類型折帶紋盆　　　　作者收藏

到了馬廠類型晚期神人蛙紋已基本消失，直接變成了簡化的幾何折帶三角形紋。

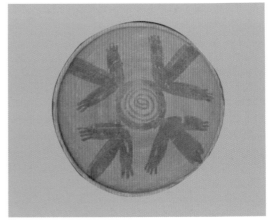

馬廠類型肢爪紋　　　　私人收藏

這件馬廠類型彩陶盆蛙紋的畫法很有創意，盤中間的圓可能象徵太陽光芒四射，圍繞著太陽的4個神人在旋轉。肢爪紋裝飾成文字「個」形，既寓意深遠又有圖案的裝飾美。視覺效果非常好，是一件難得的藝術佳作。

生生不息——水紋、旋紋

在歷史悠久、民族眾多、幅員遼闊的中國大地上，形成了許許多多各具特色的文化圈，它們互相影響、互相融合、交相輝映，使中華民族的歷史文化異彩紛呈。黃河文明孕育了輝煌千古的彩陶文化。黃河上游馬家窯文化獨一無二的漩渦紋令人震撼，是大自然給人類帶來了靈感及創作的激情。在四五千年前，氏族中繪製彩陶的陶工，面對日夜奔流、洶湧澎湃、生生不息的黃河水，於是就把這種真切的感受描繪在彩陶上。遠古文明幾乎無一例外地傍水而居，水波形狀的幾何紋樣在世界各地早期文明中都可以找到，馬家窯文化時期對水的描繪達到很高的成就。

當你面對馬家窯文化富有激情的漩渦紋彩陶器皿時，它那流暢自然的線條，彷彿會產生流動的節奏和妙不可言的韻律，讓人感到有無數的渦紋在眼前旋轉，氏族畫工在有限的空間裏產生出無限的遐想。欣賞馬家窯文化對水的刻畫以及演變成飛動的旋紋圖案，都會令人驚訝，感歎萬千！那種超時空的創造力和想像力令今人折服。

馬家窯類型時期由於水的流動而產生的漩渦紋也波及到了其他素材的設計，出現了眾多的繁複多變的旋紋樣式，彷彿大千世界什麼都在轉，都在動。氏族畫工發明並運用了卓越的圖案定位方法，最具有特色的定位方法是以點（圓）定位，以此展開，繪製成繁複多變的旋紋樣式。尤其在半山時期達到了極致，裝飾在壺和罐的旋紋圖飾變化萬千，但都是以千姿百態的二方連續紋來展現的，平視而觀，好像黃河巨濤大浪在翻滾，在奔騰。半山時期旋紋加入紅色使旋紋圖飾在動的韻律中更顯華麗多彩，視覺效果空前。

馬廠類型時期彩陶繼承了半山類型旋紋的風格，後浪推前浪，一浪高過一浪，出現了比較大的旋紋器皿。但這一時期的圖案豐富多樣，旋紋已不是馬廠類型的主要紋式了。從馬廠以後，各種文化類型的彩陶上，旋紋已基本消失，這一時期後彩陶已呈衰敗的趨勢。

馬家窯類型旋紋瓶
蘭州馬家窯文化研究會藏

這件蘭州馬家窯研究會珍藏的彩陶旋紋瓶是典型的、規範的馬家窯類型漩渦紋的畫法，以定點的形式，畫出大圓小圓然後畫出波紋和平行線紋，圖飾的設計動中有靜，動靜相協調而形成旋紋形式。

馬家窯類型漩渦紋罐　　　　　　　　　　　　　　私人收藏

　　這件體積碩大，圖案繁縟、華麗的漩渦紋大罐，是難得一見的馬家窯類型彩陶精品。整個圖案的節奏韻律好像黃河交響樂，不管從側面看、從上面看均達到了非常高的藝術成就，那漩渦紋產生出的氣勢猶如洶湧澎湃的黃河水，使人的情緒激盪、翻騰，難以平靜。

馬家窯類型旋紋罐（局部）　　　　私人收藏

　　這件碩大的彩陶罐的紋飾也有一定的創意，平靜的水紋上有小小的波浪，波浪下有魚兒在游動，圖案的構思構圖很完美，既抽象又寫實，圖案上的6條魚兒在波浪中翻滾游動。與頭像照應的3個墨點，既象徵水珠的跳躍又起到了美化畫面的作用，波浪紋很有節奏地和魚兒的游動形成韻律，從而形成視覺的美感。

馬家窯類型漩渦紋罐　　　　　　私人收藏

　　這件旋紋罐，形體碩大、畫工精美。特別值得一提的是，在漩渦紋的基礎上有新的創意，把鳥在河水上空飛行盤旋的姿態納入水紋之中，旋紋大圓裏面不是一個點，而是設計成了兩隻對口鳥的圖案，給這個旋紋圖飾增加了新意和生活的真實情趣。

馬家窯類型旋紋瓶 青海省考古研究所收藏

　　青海省出土的這件旋紋彩陶瓶的圖案異常優美，陶器打磨光滑，瓶頸至肩部上方用勻稱平行的弦紋繪成，瓶的肩部周圍由圖案化的4個魚紋和間隔的4條漁網組成，肩部以下平行弦紋內由弧形的波浪線組成，顯得和瓶頸的平行弦線既有呼應又有變化。裝飾的圖案美麗溫雅，好像一幅工筆重彩畫。

馬家窯類型旋紋瓶 青海省考古研究所收藏

　　這件精彩的馬家窯類型彩陶瓶，通體磨光，質地光滑，所繪線條粗細一致，在單純中求變化。肩上部對稱的雙球紋絡全是平行線，和層層變化的弦紋相協調，一層弦線，一層弧線。從瓶子的上部到底部形成一種柔和的節奏，頸部下方對稱的四個圓與點起到畫龍點睛的作用。從整個瓶子描繪圖案的線條看既平穩又跌宕，內心好像存在一種湧動，似乎向人們訴說什麼。

馬家窯類型旋紋瓶 私人收藏

　　這件彩陶瓶又有新的變化，在滿繪旋紋中加進了網紋，瓶子兩側肩部繪有兩個大圓，圓內為網格紋，這樣又增加了旋紋中的變化樣式。比較奇妙的是瓶子口部邊緣的圖案設計很有新意，畫成斜線的帶點狀，表示水從瓶中溢出的景象，很有意趣。

馬家窯類型旋紋瓶 甘肅省博物館收藏

　　這件彩陶瓶，陶質細膩，器表打磨光潔，畫工精細優美，陶器外壁繪滿漩渦紋，紋飾線條疏密相間，佈局合理，動中有靜，形成了飽滿、華麗、富貴的藝術效果。

馬家窯類型旋紋瓶　　甘肅省博物館收藏

　　這件旋紋彩陶瓶非常精美，彩陶瓶上的旋紋翻捲回轉，渾然一體。圖案的定位圓飾在腹部兩面，中間的大圓和兩側耳上部的4個小圓，構成旋紋骨式，再擴展成動感很強的旋式圖案。在五千多年前沒有文字的時代，原始先民能有這樣的繪畫技能真是不易，充分顯示了人類祖先的聰明才智。

馬家窯類型旋紋尖底瓶　　甘肅省博物館收藏

　　1971年出土於甘肅省隴西縣首陽鎮呂家坪的尖底彩陶瓶，是甘肅仰韶文化馬家窯類型中罕見的珍品，並因此而著稱於世。尖底瓶是當時人們用來打水的器物，當它接觸水面時會自然傾斜，裝滿水後瓶身自動聳起，與水面保持平衡，這種奇特的現象與近代物理學重心原理驚人地相似。尖底瓶腹部有雙耳，繫上繩子後可以用手提著去打水，也可以綁在瓶腰或掛在頸部，便於攜帶。尖底瓶造型獨特美觀，圖案佈局緊湊，以簡潔明快的色彩、飛動流暢的筆觸、柔美多姿的曲線，顯示出早在五千多年前先民的聰明才智和高超技藝，是馬家窯類型彩陶中造型和紋飾達到完美結合的典範。

馬家窯類型旋紋瓶　　私人收藏

　　私人收藏的馬家窯晚期的旋紋彩陶瓶，明顯吸收了廟底溝鳥紋旋轉的形式，從當時水紋旋轉的樣式中發展而來。瓶腹部以6個圓作為定點，然後以留底陰線的方式展開旋轉的花紋，既代表水的翻滾，又近似於花的連續紋樣，瓶體大面積黑色小面積陰線顯得器物莊重而典雅。這是馬家窯類型後期普遍使用的藝術表現手法。

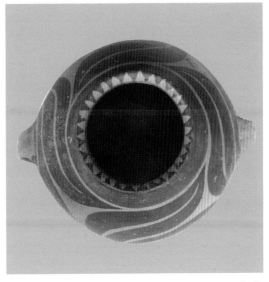

馬家窯類型花紋罐   私人收藏

　　這件同樣是馬家窯類型晚期的彩陶罐，質地和紋飾均達到了極高的藝術成就。細泥橙黃陶，胎體非常薄，打磨光潔。根據器型設計出四朵花的紋飾，花瓣隨著器型佈局而飄動，像少女一樣長袖善舞，極其傳神、優雅。四個花瓣圍著罐口轉動，從正、側、俯多個角度看來，花都在旋轉飛舞，令人神怡而陶醉。

旋紋彩陶盆
甘肅省博物館收藏

半山類型旋紋罐　　　　私人收藏

　　罐上的花紋以粗細相間的黑紅彩繪成旋轉的圖案，多層連接旋心而成的線，變成了旋動的紋飾帶，宛如浩蕩的黃河水，洶湧澎湃，奔流不息。這種半山類型彩陶罐的造型比馬家窯類型更趨單純、淳樸、穩定而飽滿。器物的腹部寬大，接近圓球形，使該器的空間顯得格外豐滿圓渾，既實用又美觀。這是典型的半山類型旋紋罐代表。

半山類型弦紋甕　　　甘肅省博物館收藏

　　出土於甘肅省廣和地巴坪遺址的這件半山類型彩陶甕，泥質紅陶，短頸口、溜肩鼓腹，似一個圓球形，腹部兩側雙耳。紅黑二彩，肩腹部飾以連續垂弧紋與鋸齒紋，下部飾黑色條帶紋和垂帳紋，不論側視、俯視均似連漪的水波紋，整個彩陶甕飽滿華貴、雍容大氣。

半山類型旋紋罐　　　　作者收藏

　　這件半山類型彩陶罐以黑紅二彩繪製而成，旋紋裝飾有別於其他同類型器物，紋飾簡潔、俐落，不拖泥帶水，顯示出瑰麗大方、雍容華麗的藝術風格。

半山類型旋紋壺　　　甘肅省博物館收藏

　　半山類型旋紋圖案在馬家窯類型基礎上得到了極大的擴展，旋紋更加多姿多彩。這件彩陶壺腹部膨圓，近似球形，在上腹飾二方連續的旋紋，平視如黃河巨浪，俯視若滄海之潮。

半山類型旋紋罐　　私人收藏

半山類型旋紋碗

中國農業博物館收藏（作者捐贈）

　　這件半山類型的彩陶碗，圖案鮮明而熱烈，以「十」字紋作為定點的方式，用四筆紅色畫出相交於碗底方塊形，然後用黑色畫出鋸齒紋，再用紅色繪出三角紋圖案，既單純又明快。

馬廠類型旋紋罐

中國農業博物館收藏（作者捐贈）

　　這件馬廠類型彩陶罐，泥質紅陶，黑紅彩，圖案為二方連續的旋紋，從一側看像動物的一對眼睛，雙耳像動物的耳朵，也可看成一個臉譜。比較特別的是罐頸處凸出了一圈棱，並繪菱形紋，手工和繪畫達到了完美的結合。

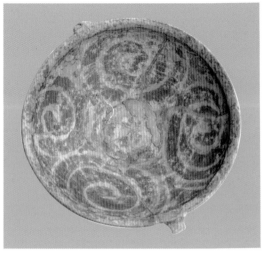

馬廠類型旋紋瓶

中國農業博物館收藏（作者捐贈）

這是一件擬動物臉譜的旋紋彩陶瓶，圓形的旋紋一環套一環，像動物的眼睛，有凸出的立體感。瓶子的頸部有一單耳，相對應腹部下方有一凸。有人說此瓶上的圖案是太陽紋，一圈一圈的圓是太陽的光芒；也有人說是仿人或動物的臉譜。這就是原始人藝術設計的奧妙之處，給觀者留有想像的空間。

馬廠類型旋紋盤

中國農業博物館收藏（作者捐贈）

這件旋紋盤以黑紅二彩繪成，以紅彩為主，黑彩在紅彩寬線的邊緣細細加以裝飾，故畫出的 5 個旋紋顯得富麗堂皇、雍容華貴，給人的感覺好像是黃河漩渦的描寫，也近似於天空的朵朵白雲。這是原始人盛放水果的盤子，裝飾之美令人驚歎。

馬廠類型雲紋壺

中國農業博物館收藏（作者捐贈）

這是一件馬廠類型的雲紋壺，黑紅二彩的寬筆繪成雲在翻滾的景象。特別是罐子的器形很美，口沿處有一單耳，腹部有一個鋬凸，是為雙手捧壺所用。壺的造型與紋飾極具現代感。

馬廠類型水紋壺　　　　　作者收藏

泥質紅陶，陶體著紅衣，打磨光潔，水紋的畫法很寫實，但是缺少馬家窯類型和半山類型的裝飾美，明顯流露出馬廠類型期彩陶衰敗的跡象。

光明的使者——太陽紋

自然崇拜，是原始先民在與大自然的抗爭中處於弱勢狀態和對客觀世界缺乏認知的情況下，把自然物人格化的表現，同時又因人們對自然的某些畏懼或感恩而產生這種現象。原始先民在對大自然的崇拜中，對太陽的崇拜表現尤為突出。這與太陽是光明和溫暖的源泉、乾旱和酷熱的禍根有關，也與太陽是人們日作夜息的生活依據和季節劃分的標誌及作物生產的要素密切相關。於是遠古先民認為，太陽是他們的幸福神，能夠驅除黑暗和邪惡，是帶來光明和生氣的保護神，由此不知不覺中就反映到了他們創作的彩陶圖案中。所以對太陽的崇拜在新石器時代各種文化類型的彩陶上均有體現。

如鄭州大河村仰韶文化晚期遺址出土的彩陶紋樣中，僅太陽紋就有三種構圖：一種是由圓圈和圓圈外邊的射線構成一個光芒四射的太陽紋；一種用紅色大圓點與棕色射線構成的一個旭日東昇太陽紋；另一種是前兩種太陽紋的綜合，即由圓點紋、圓圈紋和斜線構成。可惜這三個太陽紋的樣式只是三個彩陶殘片。

鄭州大河村還出土了一個完整的彩陶盆，盆腹壁周圍紋飾帶由12個光芒四射的太陽紋組成。山東邳縣大汶口出土一彩陶盆，外壁繪有光芒四射的八角形紋，這類花紋就是太陽形象的裝飾圖案，已是學術界的共識。陝西華縣柳子鎮泉護村出土的仰韶文化廟底溝類型的彩陶上飾有日鳥紋，在同期的廟底溝類型彩陶上也有不少

辛店文化旋紋罐 私人收藏

旋紋到辛店文化以後已基本消失，但派生出一些變異象徵性的圖案。對於辛店文化彩陶上的羊角紋，有專家認為是馬家窯文化旋紋圖案的延續，實物資料可以證明這一點。任何一種文化都有一定的傳承關係，辛店文化及其他後期文化也不例外。

唐旺式漩渦紋罐 青海省考古研究所收藏

唐旺式陶器主要以青海的西寧湟中為中心，向四周呈輻射狀分佈，年代和青海的卡約文化、辛店文化大致相同。這件唐旺式的雙大耳罐，造型明顯有少數民族遊牧的特點，在紅陶衣上用墨彩繪以漩渦紋，和馬家窯文化的旋紋有一定的繼承關係。

太陽鳥紋，這也印證了中國神話中關於太陽的傳說。在《山海經》裏有生動的記述：最初共有十個太陽，居於東方巨大的扶桑樹上。九個太陽居上枝，它們輪流當值，每天由鳥載一個太陽出去和回來，再載另一個太陽出去。

從黃河彩陶的圖案紋樣中，可以看到許多太陽與鳥的實例。對太陽的崇拜，各個文化遺存中均有記載。馬廠時期太陽的描繪在一個彩陶上達八個之多，到了辛店時期在一個彩陶器上達到十六個。而對於馬廠類型彩陶中眾多圓的裝飾，有些專家也認為是太陽紋的變異，也就是說「擬日圓」。在全國眾多地區舊石器時代的岩畫中，反映太陽的形象也是很多的，說明了原始人對太陽的崇拜由來已久。

馬家窯類型太陽紋壺　　　　私人收藏

這件太陽紋大壺是馬家窯類型中的精品。壺肩部繪有5個裝飾性的太陽紋，光芒四射，很是突出，太陽紋之間用網格紋圖案間隔。壺腹部大旋紋似人的臉，或是象徵河水翻滾，是大自然的真實寫照。

馬家窯類型太陽紋罐　　　　私人收藏

這是一件馬家窯類型的太陽紋大罐。在罐頸肩部繪四個花樣式的旋紋，花心圓中是兩個對口鳥的圖案，花瓣之間形成的三角形空隙裏畫有多角形光芒四射的4個太陽。繪畫手法繁縟華麗，黑白二彩，既莊重又典雅。在明媚的陽光下鳥兒在飛翔，花兒在生長，一幅現實生活的畫面展現在人們的面前。

大汶口文化太陽紋盆　　江蘇省博物館收藏

江蘇邳縣大敦子出土的這件大汶口文化八角星太陽紋彩陶盆，泥質紅陶，用白彩在盆的外壁繪製了6個八角形的太陽紋，盆口沿處的斜線似太陽的光芒，和八角形光芒相呼應，具有完美的主題意境。

馬廠類型太陽紋壺

中國農業博物館收藏（作者捐贈）

　　出土於甘肅蘭州永登河橋鎮的這件馬廠類型彩陶壺，米黃色質地上著有紅色陶衣，腹部周圍繪有5個太陽，太陽下方為單線畫成的10座小山。此壺從側面看近似於一幅寫實的山水畫，地平線的上面冉冉升起了太陽，5個太陽中4個是空心的，1個是實心的，太陽周圍滿繪放射的光芒。為了陶器的裝飾美，又在光芒的外圍畫了兩層圓圈，壺的口沿處有放射狀的線，以便和壺周圍的太陽形成呼應。這是一件有創意的太陽紋藝術珍品，我10年前曾著文介紹過這件彩陶壺，發表於《美術觀察》1999年第一期。

半山類型太陽紋瓶

中國農業博物館收藏（作者捐贈）

　　出土於甘肅蘭州市榆中的這件半山早期的彩陶瓶，泥質細陶，通體打磨光潔。黑紅二彩繪以多種紋飾，尤以瓶肩部4個太陽紋裝飾華麗，既像太陽光芒四射，又像植物的花紋，給人以很多的想像。

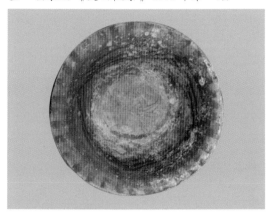

馬廠類型太陽紋盤

中國農業博物館收藏（作者捐贈）

　　這件馬廠類型的彩陶盤也有新的創意，原始人把整個圓盤作為太陽的造型，圖案又繪成太陽紋飾，使器形和紋飾達到了完美的結合。

邊家林類型太陽紋碗

中國農業博物館收藏（作者捐贈）

　　陶質較粗，用黑彩在碗內畫有光芒四射的太陽，代表光芒的8條弧線用山形紋作間隔，寓意為太陽在山頂升起。立意、構思、構圖均達到了非常完美的境界，是太陽和山相結合的典範，達到了很高的藝術水準。

馬廠類型太陽紋壺　　　　作者收藏

　　此壺畫法大氣獨特，在壺腹部繪有4個
光芒萬丈的太陽，紋飾以黑彩為主，只有
太陽光芒外圍一圈是紅彩，象徵陽光的熾
熱。俯視壺口，又是一個太陽。這是一件
難得的精品。

馬廠類型太陽紋壺　　　　私人收藏

　　此壺顏色傾向於一種玫瑰紅色，顏色的
溫度很熾烈，而且設計非常奇妙，把壺口作
為太陽，將頸下部的平行弦線和壺腹上部的
豎線組成一個陽光四射的圖案。從任一角度
看都是太陽的紋飾，紅白鮮明的對比，營造
出一個陽光燦爛的世界。

馬廠類型太陽紋瓶　　　　作者收藏

　　這是一件馬廠類型中期的彩陶單耳瓶，
瓶腹部用黑紅二彩繪以寬帶折形紋，通體形
成8個正倒三角紋，在8個三角紋裏繪有裝
飾性的8個太陽，太陽的畫法基本一樣，折
帶紋形成的三角紋近似於大山，寓意為山中
有太陽。

馬廠類型太陽紋杯

中國農業博物館收藏（作者捐贈）

　　這件單耳彩陶杯，著有紅色陶衣，打
磨光潔，杯腹部用黑彩繪有4個太陽，每個
太陽內鑲嵌有綠松石作為裝飾，在陽光下
綠松石閃閃發光。現綠松石已脫落。

馬廠類型擬日圓紋壺
中國農業博物館收藏（作者捐贈）

　　用黑彩通體繪出28個擬日圓，頸下部一層為10個擬日圓，腹肩部有18個擬日圓，圓與圓上下用弧線紋裝飾，壺的紋飾以圓為主題，仿佛要向人們訴說著什麼。

馬廠類型似日圓紋壺
中國農業博物館收藏（作者捐贈）

　　此壺著淡淡的紅衣，通體磨光，器形飽滿，4個擬日圓明朗耀目，圓周圍的弧弦線似燦爛陽光，是典型太陽紋的裝飾圖案。

馬廠類型太陽紋瓶　　　　作者收藏

　　這件單耳彩陶瓶，泥質紅陶，通體著紅衣，打磨光潔，瓶口殘，腹下方有一鋬凸，瓶頸肩部有弦紋和波折紋，瓶腹部周圍繪有裝飾性的8個太陽。為什麼馬廠類型的彩陶上常繪有8個太陽，不知有何寓意，是否肇示大地的四面八方？

辛店文化太陽紋罐　　　　作者收藏

　　這是一件辛店文化雙大耳彩陶罐，夾砂土黃陶，飾對稱的羊角紋和4個太陽紋。這是常見的辛店文化太陽紋罐的造型模式。

辛店文化太陽紋罐

蘭州馬家窯文化研究會收藏

　　馬鞍形口，扁鼓腹，凹底，頸部有對稱雙耳，通體裝飾有太陽紋16個，大羊角紋似人形，這是迄今見到的辛店文化彩陶中畫有最多太陽紋的彩陶罐。

辛店文化太陽紋

蘭州馬家窯文化研究會收藏

　　彩陶正面口沿處飾兩道垂弧紋線，似人的頭髮，頸肩部飾兩個太陽，似人的眼睛，雙眼之間一條豎線代表人中，整個罐裝飾成一個逼真的人頭形象。罐子的背部飾有一太陽紋和一犬紋。

辛店文化太陽紋罐　　　　　　　　　　　　　　　作者收藏

　　這件辛店文化早期的彩陶罐，罐口馬鞍形，口沿處雙耳，寬帶紋施以紅彩，黑彩繪以裝飾圖案。此罐肩部一周繪有8個金光閃閃的太陽，俯視華美壯觀。這是辛店太陽紋彩陶中難得的精品。

生命之歌——生殖崇拜

　　性愛是每個人與生俱來的本能，原始人類也不例外。沒有性愛便沒有人類自身的再生產，沒有性愛也就沒有人類的歷史。人類在原始時期性與生殖崇拜是普遍存在的，原始先民在日常勞動生活中，對性的理解有一個不斷演變認識的過程，從而產生了對生殖器的崇拜、生殖的崇拜和性交的崇拜。

　　古人對性的認識經歷了迷惘、朦朧、敬畏和崇拜的過程，因為他們對性活動帶來的那種非凡快感和性活動的生育結果總感到無限疑惑和驚喜，因此才把性與生殖活動看得那麼神奇和神秘。性與生殖彷彿成了一種超自然的力量，於是敬畏和崇拜之心油然而生。如把石筍、蟬、鳥、蜥蜴、龜等比喻為男性生殖器，把洞穴、石環、雙魚、蚌、瓜、花等比喻為女性生殖器，把蛙、蟾蜍、葫蘆、石榴等看作是生殖和多子的象徵，把雙蛇纏繞、鳥叼魚等認為是性交的象徵。

　　在漫長的原始公社時代，經過母系社會到父系社會的變遷，在不同時期對性的認識都有不同的變化，但歸根結底，性是原始氏族先民生活中不可缺少的一部分。在生產力非常低下的原始社會，氏族先民除了耕種漁獵以維持生計之外，精神生活是極其單調貧乏的，性是他們唯一的娛樂活動；雖然在考古遺存中原始人已有娛樂，例如骨笛、陶鼓、陶鈴及舞蹈紋飾彩陶的出土，但其中存在著一種宗教祭祀的活動。

　　原始先民對性的認識、熱愛、崇拜畢竟要反映到日常的勞動生活之中，所以氏族畫工就把這種對性、生殖器的敬仰體現在了陶器上，繪在了彩陶的圖案中。例如遼寧牛河梁地區的紅山文化遺址中出土了母系氏族社會的象徵物——陶質婦女裸體像；青海柳灣新石器時代遺址中出土一件人像彩陶壺，上塑一裸體浮雕像，乳房凸出，生殖器具有兩性特徵，為「兩性同體」像；馬家窯文化中眾多的女陰紋，各式圖案繁花似錦。還有本書收集的一件私人珍藏的甘肅秦安出土的「男根尖底瓶」，男根的塑造很寫實，既形象又生動，表現了原始先民的聰明才智。近年來全國發現的岩畫中更是存有大量大膽、清晰表現男女性器官和交媾與歡慶場面，說明性與生殖崇拜的歷史是悠久的，它們在原始人的生活中佔有重要地位。傳說中女媧造就了人類，又為人類建立了婚姻制度，備受世人的敬仰。

半山類型女陰紋罐　　作者收藏

　　器表打磨光潔，黑紅二彩繪製成女陰紋，女陰紋內裝飾有樹葉形紋飾，圖案鮮亮，乾淨俐落，是半山類型典型的女陰紋彩陶罐。

半山類型女陰紋罐　　　　　　　　私人收藏

　　葫蘆形彩陶紋飾是馬家窯文化中常見的圖案形式,有學者認為這是代表男性的男根。在圖案中葫蘆與葫蘆之間的紋飾為女陰紋,女陰紋的裝飾繁縟華麗。這件半山類型的彩陶罐是男根與女陰的組合紋樣,是半山氏族先民生殖崇拜的象徵。

半坡類型男根尖底瓶　　　　　　　私人收藏

　　這件出土於甘肅天水的尖底瓶,夾砂紅陶。溜肩鼓腹,底收為圓錐狀,腹中部有對耳。器壁較厚實,通體飾細繩紋。特別是瓶的口頸部塑成非常寫實的男根形象,進水口非常小,似男根的尿道,從整個尖底瓶的形狀看,明顯是生殖崇拜的象徵,可見原始先民對性及生殖的認知程度。這是迄今為止見到的最早的陶塑男根實物資料,對原始社會性學的研究具有重要的歷史價值。

半山類型女陰紋罐　　　　　　　　作者收藏

　　泥質紅陶,器表上光打磨,用黑紅二彩寬筆劃出女陰紋和網格紋。女陰紋內裝飾有豎細條紋,這是半山類型女陰紋又一表現樣式。

半山類型女陰紋罐　　　　　　私人收藏

　　這件彩陶罐女陰紋的設計已完全圖案化了，4個女陰紋組合在網格紋之中，女陰紋用寬帶黑紅二彩繪成，陰毛也極度誇張地表現為半山類型代表性的鋸齒紋，女陰紋的圖案既繁縟又華麗，顯示出對女性生殖的神聖崇拜。

半山類型女陰紋瓶　　　　　　私人收藏

　　此彩陶瓶在腹部繪有非常寫實的4個女陰紋圖案，女陰紋的陰毛畫得非常逼真，既寫實又有裝飾味。女陰圖案色彩變化豐富，疏密搭配講究，一個女性生殖器被藝術化地表現出來，顯示了原始先民對生殖的神聖崇拜。

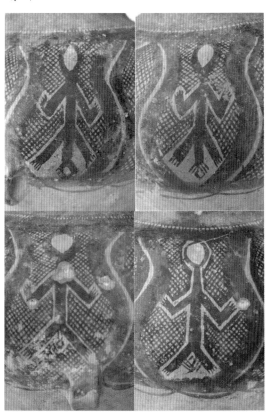

半山類型男女生殖紋瓶　　　私人收藏

　　4個人紋兩男兩女，兩腿叉開的下方用符號表示男女生殖器的區別，也是一件難得的藝術精品。

馬廠類型女陰紋壺　　　　　　私人收藏

　　這件彩陶壺是馬廠類型晚期的作品，女陰紋的畫工粗獷大氣，以純黑彩繪畫而成，像一幅寫意的水墨畫。

馬廠類型女陰紋壺

中國農業博物館收藏（作者捐贈）

　　用飽滿濃重的黑紅二彩繪以主題紋飾
——女陰紋，肩部及頸部裝飾菱形紋，幾乎
滿彩的設計，顯得富麗堂皇。尤其是女陰內
的描繪，具有立體感和藝術性。

馬廠類型人紋壺　　　　　　　私人收藏

　　這件馬廠晚期的彩陶作品，雙人抱雙
球，人紋的畫法已高度圖案化，但也不忘了
對生殖的描繪，同時也為了和頭部形成呼
應。這也體現了對生殖的一種崇拜，人的霸
氣在此器上顯露無遺。

半山類型女陰紋罐

私人收藏

　　此彩陶罐的圖案近似
於一幅近代的工筆重彩
畫，從罐口到腹部圖案的
畫法有所不同，頸部網格
紋、鋸齒紋，腹上部主紋
網格紋內裝飾一周7個女陰
紋，兩耳之間一周寬帶黑
色紋飾女陰紋。整個彩陶
罐雍容華貴，富麗堂皇，
完全是一首華美的女性生
殖讚歌，使男性觀之肅然
起敬。

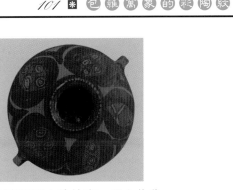

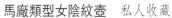

馬廠類型女陰紋壺　私人收藏

　　此壺用黑紅二彩繪有女陰紋圖案，女陰紋裏繪有4個小女陰紋。寓意為生殖崇拜，以及人類的繁衍生息，讓人深思而遐想。

馬廠類型女陰紋壺　私人收藏

　　這種像「80」形的女陰紋畫法也很特別，在眾多的相似畫法中別出心裁，上下雙陰紋的排列，在統一中求變化。這完全是一種為了審美的需要而有意為之的一種女陰紋畫法。

半山類型女陰紋壺

中國農業博物館收藏（作者捐贈）

　　此壺女陰紋的畫法非常特別，把整個陶壺當成婦女的子宮，在壺口兩側肩部用黑紅二彩繪以寬帶紋，形成女陰紋飾，俯視壺口若進入子宮。這種創作手段是非常高明的，平面繪畫和立體造型達到了完美的結合，畫工既簡單明瞭又大氣。

詭異的天書——「卐」與「卍」字紋

在人類文化史上，「卐」與「卍」作為符號，很早就出現了，而且歷史悠久，覆蓋區域很廣，許多民族都使用過它。在西亞的新石器時代遺址中，在古希臘和古埃及的廢墟乃至北美的一些印第安人部落中，都有人發現過「卐」的符號，在歐洲也同樣有「卐」的各種裝飾性的符號。在中國人們所熟知的卐字是佛教的專用符號，而且在寺院、佛教活動中經常看到。「卐」常見於釋迦牟尼的胸前，是釋迦牟尼的三十二相之一，代表吉祥如意。唐武則天特制定將該符號讀做「萬」字，意為「吉祥萬德之所集」。在佛經和佛教寺院中，「卐」常常也被寫作「卍」。

在中國藏傳佛教中，「卐」被賦予「法輪常轉不止」的含義。西藏原始宗教本教把「卐」作為自己的教徽。在藏文化中也有各種圖案裝飾的卐紋。在中國古代的其他寺廟建築中，除了使用單個卐字作裝飾圖案外，還有一種由無數個的卐字相連在一起的裝飾紋樣，被稱為「萬字不到頭」，而且這種以卐字不到頭的圖案在民間生活中被廣泛流傳和應用，體現了人們對「吉祥萬年」的一種企盼和寄託。

半山類型卍字紋壺　　　　　　　　　　　　　中國農業博物館收藏（作者捐贈）

這件半山晚期馬廠類型早期的彩陶壺，雖然陶質較粗，但畫工極其精美。用黑紅二彩在橙黃陶質留底陰紋繪以繁縟華麗的裝飾圖案，壺腹部4個圓圈用卐紋、網紋、波折紋組成十字圖案，圓與圓之間用紅色畫一豎線，豎線兩頭各留底作圓點紋，俯視肩部的4個點，裝飾效果非常好，有畫龍點睛的妙處。對稱的兩球內裝飾成卐字紋，間隔兩球為波折紋，既統一又有變化。壺頸部位兩層鋸齒紋，明顯有半山時期的特徵。這是一件難得的卐字紋精品陶壺。

「卐」和「卍」字紋在中國民間流傳是相當廣泛的，有人說這是東漢時期佛教傳入中國，「卍」才走進了中國人的生活。但是根據考古發現，在距今4000多年前的馬家窰文化彩陶中，就出土了眾多的繪有卐和卍形符號的紋飾，而且藝術表現手法的成熟和流行的廣泛在全世界同時期都是領先的。

為什麼在交往十分困難的古代，世界各地的人類不約而同地創造和使用「卐」這個符號來表達自己的某種信念或精神。在世界文明的進程中均存在著很多神奇而難以理解的文化現象，例如卐字的出現和被廣泛應用，它有著什麼含義，傳達了古代人類的什麼訊息，迄今仍是留給世人的一個難解之謎。

「卐」符在佛教中是非常神秘的，有輪迴往復、輪迴轉世的意義，可以給人們帶來新生、吉祥。可在20世紀造成人類浩劫的法西斯代表希特勒，把「卐」作為德國納粹黨的徽章和國旗，在紅布上的白色圓圈中嵌上黑色的「卐」，在黑白紅三色中更增加了卐字的神秘色彩，也給世人留下了難以忘記的陰影。

馬廠類型卍字紋壺　中國農業博物館收藏（作者捐贈）

在《簡明社會科學詞典》中，卍被解釋成是古代的一種符咒、護符或宗教標誌，一般被認為是太陽或火的象徵。這件彩陶壺體積碩大，陶質橙黃，通體打磨光潔，壺上裝飾有卍字紋的4個大圓球，在馬廠類型彩陶文化中，專家學者把圓圈紋理解成擬日圓，在太陽中裝飾象徵火與太陽的卍字紋飾更增加了這種意境的玄妙，旋轉的卍字在太陽中閃閃發光，一圈圈的餘暉普照萬年。創作者的意圖在這件彩陶上得到了淋漓盡致的表達。

馬廠類型屶字紋彩陶壺

青海省考古研究所收藏

　　出土於青海省民和縣馬廠類型早期的這件彩陶長頸壺，造型非常優美，壺體基本是橢圓形狀，壺腹部繪4個規整成熟的屶字紋，使該壺顯得更加神秘而詭異。

馬廠類型卍字紋壺　　　　　　私人收藏

　　此件彩陶壺用黑紅二彩在壺的腹部繪有4個圓球，每個圓中均用卍字裝飾。奇怪的是卍字畫成蛙爪狀，是神人還是圖騰標誌？或者是兩者合而為一及太陽崇拜的另一種形式？這種畫法迄今也是個難解之謎。

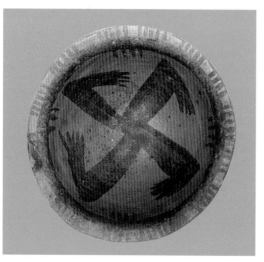

馬廠類型屶字紋豆　　　　　　私人收藏

　　這件彩陶豆由肢節爪指紋交叉而組成的屶字形紋，這是馬廠類型特有的彩陶紋飾特點。這種肢爪紋組成的屶形紋具有神秘的訊息，是氏族圖騰還是標誌？這也是一個亙古之謎。

馬廠類型卍字紋碗　　　　　　私人收藏

　　這件馬廠類型彩陶碗，陶質橙黃色，陶體著紅色陶衣，通體打磨光滑。碗內繪山之連體十字紋圖案，在十字紋四周繪有規整的四個卍字紋，碗上沿內山之間隔用蛙的變異圖案裝飾，碗內有當時先民因破損拼接而鑽的小孔。這是一件繪畫手法新穎、紋飾內容繁複、畫工精細的卍字紋彩陶的精品。

華夏貨幣始祖——貝紋

原始社會新石器時代晚期，由於生產力的發展，剩餘產品的增加，私有制也隨之出現，這些也反映到當時的彩陶藝術中。馬家窯文化的半山、馬廠類型彩陶中，出現了貝紋及變形貝紋的裝飾紋樣。

以貝作為「貨幣」的以物易物的商品社會，在新石器時代就已出現。生活在甘、青地區的先民們離海較遠，對來自遙遠海濱的交換物——貝殼非常珍視，把它作為寶貴的裝飾品和貨幣來使用。在夏商周時期，國王以貝賞賜臣子，賞貝之事透過鑄青銅器來紀念，並在銘文中予以紀錄。

後來依海貝之樣而鑄青銅貝作為貨幣流通，青銅幣是中國最早的金屬貨幣。馬家窯文化半山、馬廠時期的先民們不但使用貝、崇敬貝，而且氏族陶工也把貝的形象畫在了各種彩陶的器皿上。把貝的紋飾和其他紋飾組合在一起來使用，有些彩陶壺的頸下部飾有一圈串起來的貝紋，說明當時原始先民已使用貝做成了項鏈。

辛店文化萬不斷紋罐　　　　私人收藏

卐字紋圖案只存在於馬廠類型文化遺存中，主要遺址的範圍在青海柳灣及周圍區域，到了辛店文化時期這種卐字紋的形式已轉換成回形紋，也就是迄今民間常用的「萬不斷」吉祥紋樣。

夏商周青銅器上也沿用了這種回形紋樣。辛店文化的彩陶上一般是把這種回形紋裝飾繪在器物的頸部或腹部，表示「連綿不斷，吉祥如意」。

半山類型貝形紋雙耳罐

甘肅省博物館收藏

貝的畫法既寫實又大氣，上下排列兩層，具有很強的裝飾味和衝擊力，俯視視覺效果更佳。

馬廠類型貝紋壺 中國農業博物館收藏（作者捐贈）

　　壺肩腹上部用黑褐彩繪以陰紋三角紋，壺對稱兩耳上部裝飾一圈貝紋，色彩飽滿。貝紋好像是套在姑娘頸部的項鏈，富有裝飾美。這件彩陶壺還有一特別之處，即在壺腹部沒有繪彩的地方畫一符號，極像一幅寫生畫。這可能是原始畫工在畫完彩陶圖案後，看到院內木架子上掛有狩獵而得的獵物，他就如實地將獵物描繪在了罐子的下部。

半山類型貝紋壺

蘭州馬家窯文化研究會收藏

　　壺肩腹部一條條紅鋸齒線將貝紋一個個串起，好似掛在人脖子上的海貝項鏈。圖飾華麗，富有動感。

馬廠類型貝紋罐 作者收藏

　　白陶雙耳罐，在素陶上繪以折帶紋，罐兩側折帶紋中繪以豎形的兩串貝紋。這可能也是將項鏈的形式繪在了陶器上。

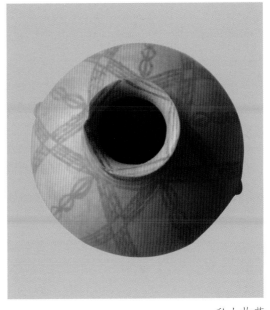

齊家文化貝紋壺 私人收藏

　　這件彩陶壺貝紋的裝飾紋樣也是與馬廠時期的貝紋相接近。在壺腹部裝飾成以條紋形成的菱形紋飾，再繪豎串的貝紋，很像古代婦女胸前貝紋裝飾品。

馬廠類型貝紋壺 私人收藏

　　氏族畫工把他們崇敬的神人紋和貝紋畫在了一件陶器上，給畫面造成非常熱烈的氣氛。貝作為原始人珍貴的貨幣，像雪片一樣滿天飛舞，人們伸展雙臂相擁。也有人說是神人撒穀播種狀，田園的詩意彌漫在畫面裏。

繁花似錦──幾何紋

　　黃河彩陶上的圖案包羅萬象，是黃河流域先民物質生活和精神生活的產物。各個文化類型都有他們氏族代表性的主體花紋，如半坡類型以魚紋為其主要紋飾，廟底溝類型以鳥紋為主要紋飾，馬家窯類型以漩渦紋為主要紋飾，半山類型以旋紋為主要紋飾，馬廠類型以蛙紋（即神人紋）為主要紋飾，辛店類型以太陽鳥為主要紋飾等等。不管以什麼形式為主，都包含了世界萬事萬物的方方面面。

　　按現在的藝術類型去劃分，題材包括人物、動物、植物、天地、日月、星辰等。造型也是各種各樣，既有寫實又有抽象，形式由單個圖樣到二方連續再到四方連續。幾何紋樣也達到了很高的藝術成就，題材豐富，樣式繁多，構成巧妙，手法奇特。迄今人們都在沿用這些傳統樣式，原始先民創造的彩陶文化是現代藝術設計者取之不盡用之不竭的源泉。

　　8000年前的大地灣文化彩陶，「一畫開天」，在中華大地上升起了彩陶的霞光。半坡文化由寫實的魚演變成幾何形的三角紋，廟底溝的鳥紋抽象成弧線的幾何紋，植物花紋演變成菱形幾何紋，馬家窯、半山類型的弧形、旋線等三角紋完全幾何化，馬廠類型神人紋變成了幾何形的折帶紋。眾多編織紋如布紋、席紋、繩紋、擬指紋、擬日紋等等，匯成原始圖案的寶庫。原始先民把自然界萬事萬物歸於美學的創造之中，因此黃河彩陶是中國保存最早的以彩繪紋樣和立體造型相結合的工藝品，也是中國最古老的繪畫作品。

廟底溝類型豬面紋瓶
西安市博物館收藏
　　該瓶上下兩層以圓、方、弧形多變的幾何紋繪兩個豬面紋。設計構思巧妙，互連的豬面共用一隻眼睛。瓶上的4個豬頭共用4隻眼睛。豬的神態威猛，給人以鋪天蓋地的恐懼感。

半山類型菱格十字紋雙耳罐　　　　　　　　　甘肅省博物館收藏

　　出土於甘肅廣河地巴坪的彩陶罐，圖案裝飾華麗，表現手法豐富、細膩，具有很強的藝術性，是半山類型幾何紋中的精品。

廟底溝類型花紋缽　　山西省博物館收藏

　　此缽陶質精細，橙黃色，用黑彩在盆的腹部繪以弧邊三角紋，月牙紋、圓點紋相結合成多體的幾何圖案，以花和葉子為原型描繪抽象、飛動的幾何圖案，將花的造型予以美的昇華和重新創造，從而達到完美的視覺效果。

半山類型幾何紋罐　　　　私人收藏

　　此件半山類型彩陶罐，黑紅二彩繪以旋紋，在旋紋裝飾有七角形的鋸齒紋內套五角紋。圖案規整，動靜結合，既統一又有變化，具有一定的藝術價值。

仰韶文化尖底罐

慶陽市博物館收藏

　　甘肅省寧縣董莊出土的這件尖底罐是用來汲水的容器，器表施黑色彩繪。侈口，下腹微鼓再收尖底，尖底的罐被放進水中時，罐身便會橫過來，方便汲水。罐體繪以波折紋，象徵水紋，造型和繪畫達到了完美的結合，為仰韶文化陶器之精品。

半山類型山形紋罐　　　　　　作者收藏

　　此件彩陶罐以常見的三角紋繪成上下三層的山形紋飾，既寫實又抽象，罐腹部對稱的一條紅豎線裝飾兩條寬帶黑線，在橫排的三重山中起到了既統一又有變化的美學作用。用色黑多紅少，顯示了大自然山川的壯美。

馬廠類型花紋盆　　　　　　作者收藏

　　這件半山晚期馬廠早期的彩陶盆全以黑彩在盆內繪以裝飾成幾何花紋的圖案。7個花瓣形成圓弧形的花朵，花瓣周邊繪多層黑點，象徵花蕾式裝飾效果，顯示出花朵勃勃生機、含露欲滴的意境。

馬廠類型回紋罐　　　　　　私人收藏

　　幾乎通體用直線折帶紋繪成回形的圖案，細的黑線配以紅的寬帶線，更顯圖案紋飾的華麗富貴，就像一個貴婦，既莊重又華美。

馬廠類型齒輪紋壺　　　　　　私人收藏

　　此件馬廠類型的彩陶瓶，紋飾很特別，用黑紅二彩在瓶的腹部裝飾成梯形的齒輪狀圖案，給人的感覺像上梯子，又似爬山。讓你去猜、去想，引人深思、遐想。

馬廠類型菱格紋罐
中國農業博物館收藏（作者捐贈）

　　此罐鼓腹似球形，通體打磨光潔，橙黃色陶質著紅陶衣，規整地用黑彩繪以幾何形的菱格紋。罐口有4附耳，更顯華麗、莊重。

馬廠類型菱形紋罐　　　　　　　　　　　　　　中國農業博物館收藏（作者捐贈）

　　這件彩陶罐造型很美，給人以親切可愛的感覺，加之罐外壁的裝飾既簡單又華麗，更增加了藝術的感染力，黑彩留底形成的豎柳葉紋極似一個大西瓜，俯視之，近似一個光芒萬丈的太陽紋。

馬廠類型幾何紋盤、豆、盆

中國農業博物館收藏（作者捐贈）

馬廠類型幾何紋罐

中國農業博物館收藏（作者捐贈）

馬廠類型十字紋壺　　　　　　作者收藏

　　此壺體積碩大，壺腹部有4個擬日圓，相對稱的兩個圓內裝飾成「十」字紋，另外兩個對稱的圓內裝飾網格紋，4個擬日圓以多重圓繪成，好似太陽發光的輝圈，器形、圖案雍容壯美。

馬廠類型回紋罐　　　　　　　作者收藏

　　此罐小口，肩部有一周凹槽，回紋畫法工整，極富裝飾美。

馬廠類型錢紋壺　　　　　　　作者收藏

　　此件馬廠類型彩陶壺，體積碩大，通體黑二彩繪以裝飾的錢紋，腹部4個圓球留有細小的陰線。器體凝重的黑色增加了彩陶壺莊重優美的氣勢。

馬廠類型編織紋壺
中國農業博物館收藏（作者捐贈）

　　這件橙黃色的陶器上施以濃重的紅色陶衣，用黑彩繪以幾何紋等編織的紋飾，壺頸部為雷紋，肩部為條狀輪齒紋，腹部繪以規整的編織紋。整個陶體的紋飾簡潔明朗，既規整又活潑，線條統一中有變化，很有藝術價值。

馬廠類型幾何紋壺

中國農業博物館收藏（作者捐贈）

馬廠類型幾何紋壺

中國農業博物館收藏（作者捐贈）

彩陶精品鑑賞

　　在甘肅蘭州玩彩陶的行業裏有一句通行的話：「世界彩陶在中國，中國彩陶在甘肅，甘肅彩陶當屬馬家窯。」河南的仰韶文化、西安的半坡文化、甘肅的大地灣文化，均出土了大量的彩陶實物。根據考古遺址發現，西安半坡文化以後再沒有發現彩陶的文化遺存。而甘肅從8000年前大地灣文化到2000多年前的青銅文化時期，幾乎每個地區都有彩陶文化遺存，有專家據考古資料統計，甘肅的彩陶占全國的80%以上。而甘肅的彩陶大多集中在蘭州附近，馬家窯文化就發現於蘭州鄰近的臨洮縣馬家窯村。蘭州古玩行甚至說「甘肅彩陶在蘭州」，這話一點都不為過。

　　我1990年調到蘭州高校任教，在大學裏兼教授中國美術史，而蘭州豐富的彩陶資源為我提供了收藏、研究的便利條件，從而也結識了一批收藏、研究彩陶的專家、學者。在蘭州皇廟古玩城的那些彩陶經營者中，他們沒有什麼學歷，但談起彩陶來，對彩陶的年份、出土遺址、類型等說得頭頭是道，而且對彩陶的鑑別能力有時都能勝過博物館的彩陶專家。

　　我被他們對彩陶的熱情所感動，尤其我認識的一批有修養的朋友，為了不讓好的經典的彩陶流出省外，他們省吃儉用，投入大量的財力購買，所以蘭州收藏家手裏的彩陶精品在博物館都很難看到，他們藏而不露。我把自己近20年收集到的資料，整理出來供大家鑑賞、研究，以了卻我多年的夙願。

馬廠類型肢爪紋罐
甘肅省馬家窯文化研究會收藏

　　有專家學者認為中國龍起源於蛇，有的認為起源於蛙。這件蛙紋彩陶壺上，蛙身兩側有許多揮舞的爪子，極像龍，也許是馬廠氏族畫工將他們心目中的龍繪製在了陶器上。

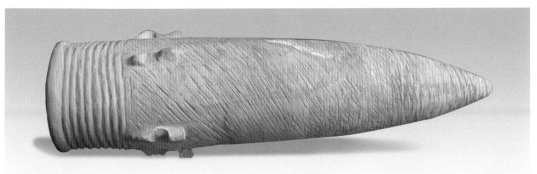

仰韶文化尖底瓶

私人收藏

　　出土於甘肅省崇信縣龍泉寺仰韶文化遺址的這件素陶尖底長桶罐，造型十分奇特，外形極像現代的炮彈。此陶器通體佈滿繩紋，口部外壁飾旋堆紋，並在旋堆紋下方塑6個長形堆凸，並用大拇指壓出凹形。雖然是一件素陶器，但不失為一件難得的史前精品，因為這種造型在其他史前文化類型中還從未見到過。

半山類型葫蘆形罐

私人收藏

　　這件半山類型葫蘆形的彩陶罐，體積碩大，腹部鼓圓，黑紅彩飽滿凝重。在眾多的同類型罐中，葫蘆紋往往配以各種幾何紋和神人紋，而這件則有絕妙的創意，好像原始人在汲水時把葫蘆放進河中，眾多數量、大小不等的水泡在葫蘆的上面往外冒，好像還聽到了「咕咚、咕咚」的聲音。這種把現實生活的一瞬間描繪在了彩陶上，使葫蘆的功能、主題更加鮮明地展示出來。罐口長頸上旋轉的紋飾象徵流動的水，罐腹部的圓圈紋更突出了葫蘆盛水的創意主題。這是半山類型葫蘆形紋飾中難得的一件精品。

馬廠類型回紋罐

作者收藏

　　這件彩陶小罐用純黑色繪以規整的回形紋，兩耳在罐口和肩部之間，造型和紋飾均有一定的氣韻，罐子小巧玲瓏，很有藝術趣味。

馬廠類型十字紋瓶　　　　　　　　*作者收藏*

　　此瓶陶質細膩，通體飾紅彩，表面打磨光潔，折帶紋裏繪有4個「十」字紋，可能是民族圖騰的象徵。

馬廠類型彩陶鼓

中國農業博物館收藏（作者捐贈）

　　馬家窯文化的彩陶鼓均出土於甘青交界的蘭州永登、連城一帶，馬家窯、半山、馬廠時期均有出土。這件彩陶鼓屬於半山晚期馬廠早期，用紅彩畫成弦紋和折帶紋，說明在馬家窯文化時期先民已有音樂娛樂活動，從出土的舞蹈人紋盆上就可以得到佐證。

馬廠類型折帶紋壺　　　　　　　　*作者收藏*

　　此壺泥質紅陶，通體飾紅彩衣，陶器表面打磨光潔，腹部繪有三層紋飾，一層圓形紋和兩層折帶紋，很有藝術價值。

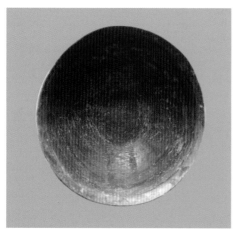

馬廠類型龜紋盆　　　　　　　*作者收藏*

　　泥質紅陶，著紅色陶衣，打磨光滑，盆內用黑色繪網狀「十」字紋，其間隔有用單線畫成的4個小烏龜，頭部和四肢明顯為爬行狀。這也是馬廠類型中難得一見的龜紋彩陶。

馬廠類型魚網紋壺　　　　　　　*私人收藏*

　　此壺通體以黑彩畫成，壺的肩部繪以平行的弦紋同心圓，壺腹周圍繪有五條打魚的魚紋，可見原始先民繪畫均取材於他們日常生活中的所見所聞，他們賴以生存的漁網也成了他們描繪的對象。

史前彩陶的收藏與辨偽

　　史前彩陶收藏是一門博大精深的學問。史前彩陶既是中華文明的源頭，也是華夏文化的開端，是研究人類遠古文明和遠古社會的無字天書，更是中國遠古的繪畫藝術作品。因此，彩陶的研究價值、觀賞價值和文物價值共同構築了它無比輝煌的收藏價值。文物收藏界有一句行話：史前的彩陶、夏商周的銅器、唐代的三彩、宋元的瓷器、明清的字畫是收藏界的首選。中國歷史悠久，每個時期都有輝煌燦爛的文化遺存。原始先民把他們的聰明與才智完全傾注在了彩陶的藝術創作之中，所以史前各個文化類型的彩陶包含了廣博深奧的文化內涵，需要我們深入地研究探討。

　　收藏是一種境界，也是一種享受。只要你讀懂了史前藝術史，只要你熱愛生活，你就會對史前先民創作的彩陶藝術產生濃厚的興趣與感情，因愛而去收藏它、研究它。1990年我從甘肅崇信縣文化館調到蘭州教育學院美術系任教，兼任中國美術史課程的教學，開始接觸並瞭解史前文化。在上大學時雖然有美術史課程，但只重視技能的訓練，而輕視了理論的學習，到高校任教後要給學生講美術史，就得重新學習這方面的知識。我跑了好多圖書館，接觸到了一些史前彩陶方面的資料，被史前那些豐富多彩的彩陶所吸引。我在課堂上大講特講彩陶的文化藝術價值。幾天後蘭州窯街的一個學生送給我一個小彩陶罐，我就很驚奇地問他哪來這樣的好東西，他說現在出土較多，私下均有交易。於是我就打聽彩陶的私下交易市場，蘭州皇廟就是甘肅彩陶的集散地。每到週末，所有的彩陶都集中到了皇廟的古玩店，地攤上擺得一堆一堆。那時彩陶價格比較便宜，但對我這個工薪階層來說，其價格還是很昂貴的，半坡、廟底溝類型的精品均在萬元以上。馬家窯類型的精品也得幾千元（而現在高達幾十萬，甚至上百萬元）。我的經濟能力有限，主要以收藏馬廠類型的彩陶為主。因為馬廠類型彩陶的繪畫水準達到了一個新的高峰，而且價格適中。我是學美術專業的，對彩陶的圖案有更深的理解，所以那時皇廟裏馬廠類型彩陶的精品大部分都被我收藏了。

　　彩陶給我帶來了樂趣，也帶來了麻煩。從1990年調到蘭州工作到1996年單位家屬樓建成，六年時間我搬了五次家，每次搬家除了書就是彩陶，得動員很多人去幫忙。1999年我在北京辦畫展，就想把這批彩陶捐獻給哪家博物館，條件是以我的名字命名這個彩陶館，但要陳列200餘件彩陶得需多大的場地與經費啊！事情一直沒有進展。2000年中國農業博物館收藏部打來電話，他們有意建立一個彩陶博物館。當

高仿馬家窯類型壺

　　這件屬於高仿的馬家窯漩渦水紋壺是新胎新畫。然後入窯燒製的，外行看不出破綻，但內行一眼就可以看出是贋品，首先感覺不對，從照片就能分出真假，畫工線條生硬，呆板，不流暢，沒有靈氣，只有作假的心態，沒有創作的激情。

時我想彩陶是農耕文明的產物，放在中國農業博物館裏是最好的選擇。我太愛這些彩陶了，為了收藏這批彩陶花費了我10年的心血和財力，只要有一個理想的歸宿，我就同意捐出這批彩陶，所以一談即成，中國農業博物館建立了「李志欽捐獻史前彩陶展」展館。中國農業博物館費了好多財力建起了彩陶館，但展出幾個月無人參觀，因為要用場地只好撤展，把彩陶放在了庫房裏，至今不能面世。

　　10年的心血，每件彩陶的收藏都有一個故事，如果賣給私人很可能流到海外，放到國家博物館是做了一件積德行善的公益事，可以造福於子孫後代。至今我對自己的決定感到很欣慰。

　　彩陶的情結我是難以了斷的，捐贈了我所有的200餘件彩陶（中國農業博物館有捐贈證書），一件也沒有留給自己。後來，我幫助一位大學同學收藏了一批彩陶，但他沒有堅持下來就改收藏古玉了。我沒有了精神寄託，心裏很不自在。多年養成了一個習慣，每收藏一件彩陶，就給自己帶來一份歡喜。這週收藏到一件物美價廉的彩陶，這週就生活得非常愉快。今天買到一件自己非常喜愛的彩陶，睡到半夜都要從床上爬起來，手捧心愛的彩陶，觀賞不止，經常處在興奮之中。人是要有精神的，人也需要信仰和愛好，收藏也是一種心情，尤其在當今社會，節奏變快，收藏就是一種精神享受，更是一種生活的調節。捐贈出這批彩陶後我全力投入到了我的繪畫事業中，但仍然很空虛，像缺了點什麼。所以從2003年後我又開始零星地收藏彩陶了，但這時市場已全開放，收藏的人也多了，精品也少了，而且價格也一路攀升。但收藏還是給我帶來了快樂，帶來了幸福。因為在這20年的生活裏，工作事業的壓力，所處環境的複雜，都時常令我感到不快。我不通世故，不善交際，性格直拗，所以往往被人算計，工作中也有些壓抑。但收藏使我的性格有所改變，每收藏到一件彩陶或在朋友處欣賞到一件遠古彩陶的精品時，都使我興奮不已，忘記了一切煩惱與不快，使我的心情經常處於一種快樂與興奮的狀態，所以收藏也是一種心情，更是一種境界。只要收藏，就會給你的人生帶來幸福，帶來愉快，帶來故事。收藏也可以改變你的人生。因為收藏也會把你載入歷史，甚至榮耀祖孫萬代。

　　當今正逢收藏盛世，但選定收藏目標，至關重要。彩陶從19世紀20年代初發現至今80餘年，但在動亂和文革時期彩陶的收藏幾乎是零，真正的彩陶收藏從改革開放才開始，形成規模也只有20年的歷史。遠古先民給我們留下了豐厚的遺產，需要我們去研究、去探討。

　　中國的甘肅將突起兩個文化長廊，一個是敦煌壁畫長廊，另一個將是甘肅馬家窯文化彩陶長廊。近20年裏，甘肅誕生了許多馬家窯文化研究組織，成長起了一批研究彩陶的專家與學者。沒有收藏就沒有研究，甘肅屬於中國的大西北，雖然文化歷史悠久，文化遺存豐富，但經濟還欠發達。就在這種的情況下，還是出現了一批收藏遠古彩陶的大家，他們有企業老闆、知識分子和普通職員等不同職業的人士，他們憑藉有限的資金，為了不使甘肅的彩陶流落省外甚至海外，作出了極大的努力。我所熟知的幾位企業老闆，他們沒有把有限的資金用在企業的再發展上，而是傾資購買、搶救了一批史前彩陶的精品，他們收藏彩陶不是為了發財，而是一種熱愛和責任。

　　有人收藏，就有人造假。歷朝歷代古今中外均是如此。但凡事都有科學規律，只要按規律去做，就會防止受騙上當，就會少交學費，甚至不交學費。我願把自己近20年收藏經驗總結出來，跟朋友們探討、交流。

　　其一，最大的經驗、最直接的辦法就是借雞下蛋，尋求專家的指導和幫助。任何一門專業都有它深奧的學問和特點，你要一下子學會並拿來應用，那是根本辦不到的，得有多年的實踐經驗。比如過去古玩店師傅帶徒弟，沒有多少年的功夫是不行的。有些徒弟七八歲學藝，甚至連學都沒有上過，但他們跟了師傅二十幾年就練成了火眼金睛，青銅器一看氣色就知道是老的還是新的，瓷器手一摸就辨真假，這都是多年的實戰經驗所得。所以入門要請一個玩彩陶多年的高手，幫助你選貨、辨真偽、定價格，這樣就不會交高價學費，少花冤枉錢，這是一條非常快速的捷徑。我給大學時的同學當「參謀」，在二三年間收藏了一百餘件彩陶，無一件贗品。

　　其二，你得花精力去學習、去鑽研、去瞭解史前的文化。瞭解各類型彩陶的造型和繪畫特點，掌握彩陶的知識，才能分析辨認它的年

高仿半山類型鳥形壺

　　同樣，這件高仿半山類型的鳥形壺也是新胎新彩，然後入窯燒製的，用的也是礦物質顏料繪製花紋，胎體裏也摻有料姜石。但彩陶的感覺不對，陶質雖然較細，但沒有古舊滄桑感，圖案有用砂紙打過的痕跡，但還是新彩，一眼就可以看出。

份、文化類型和藝術價值。靠讀書看真品還不行，還要看贗品，看作偽的彩陶，有對比才有鑑別，這也是入門最快、最有效的方法之一。僅有正面的經驗是不夠的，為什麼有些彩陶販子辨別彩陶的能力勝過博物館的彩陶專家？他們沒有什麼學歷，沒讀過幾本書，但他們一眼就可以看出彩陶的真偽，可以看出某個地方做了手腳，能對彩陶的年份、類型特點說得清清楚楚。因為經他們手的彩陶太多了，甚至有些假的就是他們同行所為，所以他們是鑑別彩陶真偽的「真正」專家。比如當地的一個收藏家，把一件古陶後畫彩的舞蹈盆拿給博物館彩陶專家鑑別，該專家認為是真品，而一個多年的彩陶販子和他關係很熟，而且賣給他不少彩陶，說它是後畫彩，但他不相信，就聽專家的，結果上當受騙。所以瞭解贗品的製作手法，對辨偽大有好處。

其三，憑感覺。有了一定的彩陶專業知識，見的真假彩陶多了，眼力就上去了。幾千年的彩陶埋在地下，出土後帶有一種古樸、滄桑的感覺，有一種靈氣在古陶上，就像看古畫一樣，自然陳舊和人工做舊的感覺是不一樣的。另外就是看造型，看畫工，每個區域，每個類型都有其造型特點和特定的繪畫風格，如果類型混亂，張冠李戴，那就有問題，一定得請專家過眼把關。

其四，看陶質，掂輕重，看土鏽。埋在地下幾千年後，陶器的火氣全無，陶質也很輕，尤其表層的粉化現象、剝蝕現象，每件彩陶都有；新的則很鮮豔，拿到手裏分量也很重。還要看土鏽，古彩陶表面某些部位黏附一層堅硬的水鹼，特別牢固，這層水鹼主要是碳酸鈣一類物質，滴一點鹽酸，就會起化學反應，冒出白泡。贗品不可能有這些常年沉積的水鹼物質。也有的贗品作土鏽，用化學原料配製，或用礬做的土鏽，遇酸沒有任何反應，這是一條非常重要的鑑別方法。

其五，聞氣味，看植物根、蟲蝕痕。彩陶在土中埋藏幾千年之久，聞起來有濃重的土氣味，彩陶大部分出土於墓葬，也有一種土腥味，尤其是陶器用水打濕後這種味道更加濃重。作偽者用的黏土也是幾千年前的土層，做成後在地下埋上一段時

仿馬廠類型奇形壺

此件係新胎新畫然後入窯燒製仿馬廠類型的奇形壺，漏洞百出。凡是內行能一眼看出，馬廠類型的神人紋和蛙紋的肢爪根本不是這種畫法，這是明顯的低級錯誤。其二，壺的肩部人頭形、嘴，馬廠類型沒有這種造型，而這種形狀一看就是現代人臆造的。這個壺打水時還有土味，說明在地下也埋了一段時間，容易使那些經驗不足的追捧奇形異器的收藏家上當。

間也有味道，但那種味道很淡，不正常，和古舊的土味還是有區別的。另外，有些彩陶上還留有長年累月植物生長過程中根條和蟲咬的痕跡，尤其在著彩的地方更加明顯，這是作偽者無法做出來的。

其六，**開水燙，用水沖，刷子刷。**凡是舊胎新畫，不是墨汁就是廣告顏料或是丙烯顏料，遇熱後就會掉色，用刷子刷效果更明顯。但用化學顏料畫的和新胎新彩後燒的就洗不掉，但在顏色和陶質上和幾千年風化的礦物質現象是不一樣的，打水以後很好區別。

其七，**用放大鏡看陶質，看色彩。**黃土地帶的陶土裏，普遍夾雜堅硬的料姜石，其主要成分是碳酸鈣。混在胎泥裏細小的顆粒料姜石，經入室火燒後，胎體中的料姜石變成生石灰，陶胎就由表及裏慢慢剝蝕，用放大鏡看，就能看到陶器表面上出現大小不均的白色小孔。現代的仿製品，為了省工省時，用球磨機粉碎陶土，打磨精細的陶土中的料姜石及一切雜物顆

仿馬廠類型人頭壺

　　此件壺口部以下是馬廠類型神人紋雙圓球壺，陶胎和彩都是真品，但人的頭是新做而嫁接在真壺的口部，以提高此壺的身價，從而賣個好價錢。

粒都不存在。燒出之後陶器表面光潔沒有白色小孔，胎體特別純淨，整個陶器的胎體極不自然，不純樸，用放大鏡看，如果這種小孔裏也有顏色，說明是後上彩。

其八，**移花接木，花樣翻新。**新胎新畫，老胎新畫，局部補彩法等等，層出不窮。一件很好的彩陶罐，口沿殘損了，把同期類型接近的另一件殘損罐的口沿移過來，或者新做一個人頭形的壺口移到舊胎舊彩的另一件壺上。如果是一般的花紋圖案，就在上面添加人紋、動物紋的圖案，使這件彩陶的價值上升。我還碰見過一個著名的眼力過人的收藏家，一件半山類型腹部有旋轉形的寬帶紋彩陶壺，經販子加工變成了明顯有頭的一條蛇紋在壺腹部扭動旋轉，一下子升格不少，成為精品彩陶，把這位藏家也騙了。後來經仔細辨認，蛇的頭是修出的形狀，未加一點彩，而是用刀片刮出了一個蛇頭。

　　現在史前彩陶愈來愈少，但收藏的人愈來愈多，所以贗品氾濫。這就要彩陶愛好者和收藏者提高警惕，提高鑑賞能力，以防上當受騙。

黃河彩陶・黃河石・中國畫

　　我收藏研究黃河彩陶近20年，有個問題一直困擾著我：彩陶是怎樣產生的呢？原始人為何在陶器上畫出那麼多形式各異、絢麗多彩、包羅萬象的圖案紋飾呢？在沒有文字的遠古時代，他們卻能創造出如此璀璨的文明和令今人嘆服的彩陶文化，這是一個亙古之謎。

　　有一天我在房子裏苦苦思考這個問題時，忽然發現客廳裏放著的許多彩陶和黃河石是那麼的相似，圖紋形式、顏色塊面、精神氣息都是那麼的相像，好像彩陶上的圖案和黃河石上的紋飾出自同一時代的藝術家之手。這一發現使我既驚訝又興奮。於是我去大量地翻閱彩陶、黃河石圖譜，越看越覺得彩陶和黃河石有某種神秘而奇異的關連，只是人們沒有找到充分的資料去證明它。

　　人類的藝術起源於勞動，來自生活。原始人依山傍水而居，他們離不開水，而黃河中上游流域，群山疊嶂，千流百溪，萬壑深谷，無處不有奇異的石頭圖案。當他們到這裏捕魚，到河邊去汲水，看到清澈的小溪裏蘊藏著那麼多五顏六色、千奇百怪的石頭，使他們突發奇想，產生了靈感，把在日常生活中的所見所聞都描繪在了生活中常用的陶器上。

　　模仿是與生俱來的本能，愛美更是人類的天性，不是後天學來的。所以原始人在那種混沌愚蒙、生產力低下的原始社會裏，對萬事萬物、天體的運轉、日月星辰、人自身的形象和動物的形象進行觀察、想像，從而形成了他們崇拜、敬仰的圖騰標誌。半坡時期對魚的崇拜，馬家窯時期對水的崇拜，馬廠時期對蛙的崇拜，辛店時期對太陽鳥的崇拜，都是從勞動生活中總結來的。

　　彩陶上的各種紋飾因黃河石圖案的啟發而產生了靈感，運用到他們製作的每一件陶器上，當然天地萬物都是他們創作的素材。

　　當他們在河流裏捕魚、汲水、嬉戲玩耍時，對大自然創造的絢麗多姿的黃河石會無動於衷嗎？只是我們無從考證罷了。但從大量的奇石和黃河彩陶遺存分析，遠古彩陶圖案的創作靈感可能來自於黃河石的啟發。當我閒暇在黃河岸邊去搜尋自己心愛的奇石時，一直在想原始人也會被色彩斑斕的石頭所吸引嗎？難道黃河中上游豐富的奇石資源真的蘊含了馬家窯彩陶文化嗎？歷史會有偶然，會有巧合。

　　黃河石雖然石質粗糙，比不上南方地區的石頭，但其簡潔、單純、明快的花紋圖案是全國其他地區的奇石無法比擬的。黃河奇石是大自然的產物，有著極深的審美情

趣，我想正是因為黃河石上的花紋使原始先民畫工產生了創造各種彩陶紋飾的靈感，這一觀點需要進一步研究與探討。

人類的藝術各不相同，但其都有傳承。有學者稱，黃河彩陶上的文字符號是中國文字的起源，甲骨文就源於彩陶上的符號。

同樣也有學者認為中國藝術也是起源於彩陶文化，黃河彩陶就是中國畫的起源。下面我們從繪畫與藝術兩個方面去討論彩陶與中國畫的關係。

其一，繪畫是視覺藝術，要有形式和技巧。

每一幅作品的完成，除了工具材料外就是繪畫語言。原始人把陶器當作紙張，把「毛筆」（原始彩陶就是用一種相當於毛筆的工具畫成的）作為工具，用不同色彩的礦物顏料，以點、線、面形式畫在器物上。黃河彩陶上的繪畫三要素點、線、面運用得相當成熟，黑白、疏密等關係處理得恰到好處，均達到了很高的藝術成就。

古今中外，繪畫藝術都是遵循這個規律去創作的，而在8000年以前，我們的祖先就懂得這些道理，到5000年前的馬家窯文化時期達到了一個高峰。你看馬家窯文化對水的刻畫，水的奔流、緩急和水的回旋飛動，在流暢的線條中洋溢著生命的激情，把點、線、面的繪畫元素發揮到了極致，你再用其他任何繪畫手法、繪畫語言都不能反映出它的精神和韻律來。

現代人還在延用這種繪畫模式，遵

洮河珊瑚石　　　　　　　　　私人收藏

馬廠類型石雕人面像　　　甘肅省博物館收藏

國家一級文物石雕人面像，出土於甘肅省永昌縣馬廠類型鴛鴦池的一件骨質石墜項鏈，墜子的材質為洮河石，原石為扁圓狀，白色帶褐斑的珊瑚石料經打磨而成。永昌縣屬甘肅最西邊的河西走廊，遠離洮河流域，這塊珊瑚石料顯然是經過交換而來。在遠古時期，先民就已開始有大遷徙，也說明黃河流域及其支流的奇石花紋已被4000年前的馬廠時期氏族先民所利用。所以不排除黃河石花紋對史前馬家窯文化彩陶藝術創作的影響。

隴東民間剪紙

馬廠類型人紋壺

私人收藏

馬家窯文化馬廠類型屬於古羌族文化，甘肅隴東人也是古羌族的後裔，隴東的民間剪紙明顯和馬廠類型彩陶的神人紋有一脈相承的關係。從這幅剪紙作品中似乎可以想起那永不消逝的遙遠記憶。

循這種創作規律和原則。

其二，藝術作品的最終目的和最高境界是意象的、是精神的、是有寓意的。

你看半坡先民對他們賴以生存的魚的崇拜，人魚相寓，人面和魚紋相結合畫成紋樣，寄託一種深奧的涵義。魚從寫實到抽象，壺腹部網格紋上的一點既代表魚又代表魚的眼睛，也象徵漁獵活動。創意是多麼的明顯而富有生活情趣，人神和動物變異想像之豐富、構思之奇巧，均已達到了藝術美學裏的最高境界。

東方藝術是線的藝術。從原始彩陶上就明確地看到原始先民創作的線的藝術，不論是圖案紋樣還是裝飾紋樣，都是以線作為造型的手段，運用寫實、抽象、誇張和象

徵等手法，以及繪畫的黑白、空間的疏密和連續關係等對中國繪畫美學的形成作出了巨大的貢獻。在色彩的運用上，他們發現了礦物質顏料（我想也是受黃河石顏色的啟發），錳、赤鐵礦和黑紅二彩。在數千年的陶器史中，黑色一直而作為紋樣的基調被沿襲下來。黑色顯得穩重、端莊、肅穆、典雅、純樸，紅色顯得熱烈、吉祥，是幸福的象徵，所以原始先民彩陶上的顏色大都是黑紅二彩。尤其是馬家窰文化各類型的彩陶遺存除了有少量的白色以外均為黑紅二色，而且黑色是紋飾圖案的主體色彩。從文字的出現，黑色就被用來作為書寫的顏料，到中國水墨畫的開始，黑色的運用就達到了極致。

古人把多姿多彩的高山大川、花鳥魚蟲，用墨作畫，仍然不失其真實的意趣；把牡丹、梅花畫成黑色，人們同樣能接受；把很綠的竹子、蘭草畫成墨竹、墨蘭，人們同樣也能接受。而畫成紅色的竹子和蘭草則代表霞光下的竹子、蘭草，這就是東方藝術的意象使然，你也可以在史前彩陶上明顯地看到其與中國畫的源流關係。

史前彩陶的圖案有具象的也有

隴東民間剪紙

馬廠類型人紋壺　　　　　　　　　私人收藏

甘肅隴東民間的這幅剪紙作品，人物的造型和馬廠類型彩陶上人的畫法也是那麼的相似，是巧合還是羌族人血液裏原有本能的釋放使然？

抽象的，有白描的，也有工筆重彩的，有小寫意的也有大寫意的，有簡筆的也有繁筆的，包羅萬象，無奇不有。原始人的「宣紙」就是陶器，「墨汁」就是顏色，而毛筆原始時期就有了，你看工整、細膩、流暢且富有節奏的線條，就是原始人技法嫺熟的體現。

曾有學者實驗，在素泥胎上用毛筆劃線條，毛筆上的顏色很快被陶胎所吸收，一

條線很難一筆劃下來，可原始畫工不知用什麼工具，線條的顏色、韻律、節奏是那麼的流暢，毫無銜接的痕跡，至今還是一個難解的謎。

藝術作品載體可以不同，但藝術的真諦是相同的。原始人的彩陶就是原始社會的藝術品，而且是高境界的藝術品。

在原始社會裏沒有階級，沒有剝削，沒有壓迫，原始氏族畫工處在一個非常寬鬆自由的環境裏，他們的創作是自由的，是真誠的，是發自內心的。

原始彩陶上的圖案紋樣是那樣的單純、健康、自由和活潑，是原始氏族藝術家真性情的流露，是極高的精神產品。而到了夏商周奴隸社會，產生了階級壓迫，在青銅器紋飾上沒有了童真、純樸，只有猙獰、威嚴、規整以及王者的霸氣。藝術貴自然，純樸、童真是藝術的生命。

有思想、有眼力的藝術家除了感悟大自然，還應該在黃河奇石和史前彩陶裏找純真，由此體味人生，進而開發自己的形象思維，提高自己的意象表達能力。

真善美的東西大多是自然天成的。奇石的自然美，在於它既包含詩情畫意，又富有哲理，是大自然的鬼斧神工，凝天地之靈氣，集日月之精華。它曾迷倒多少文人雅士，而他們又以它為素材，創作出了似與不似、妙景如畫、異趣橫生的藝術作品。

草聖張旭，觀公孫大娘舞劍而悟草法，觀亂雲飛渡、擔夫爭道、驚蛇入草而知筆法。宋人米芾愛石、畫石，到最後拜石，畫法大進。史前馬家窯氏族畫工觀黃河急流而創漩渦紋飾，受黃河石上的花紋啟發而創包羅萬象的彩陶紋飾圖案。所以，今人應回歸自然，尋根問源，黃河奇石蘊於自然，黃河彩陶巧奪天工，它們都是藝術家們取之不盡、用之不竭的創作源泉。

黃河石「林韻」 22cm × 23cm × 9cm
作者收藏

馬家窯類型水紋瓶 　　　私人收藏

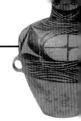

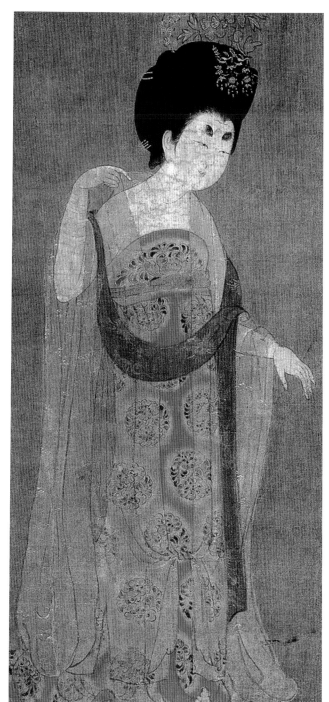

周昉《簪花仕女圖》（局部）
遼寧省博物館收藏

黃河石「仙女圖」
作者收藏

馬廠類型幾何紋彩陶壺
中國農業博物館收藏（作者捐贈）

　　黃河石「仙女圖」、馬廠類型幾何紋壺、周昉《簪花仕女圖》三件作品共同特點是圖案工整、細膩，色彩豔麗、飽滿。黃河石「仙女圖」圖式，似與不似，妙景入畫，異趣橫生；彩陶的繪畫手法工整豔麗，是彩陶中的工筆重彩；周昉的工筆重彩仕女人物，形象生動，用色濃重，富麗堂皇，雍容華貴。三件不同時代的藝術品都具有相似的神韻，彷彿神遊時間隧道，把人們帶入超自然的美學意境。

馬家窯文化神人紋彩陶壺

私人收藏

黃河石「三人圖」 24cm × 24cm × 8cm

作者收藏

吳道子《八十七神仙卷》（局部）
徐悲鴻紀念館收藏

　　黃河石上的線圖案，馬家窯文化彩
陶水紋線的畫法和吳道子《八十七神仙
卷》人物線描的畫法，它們共同的特點
是用白描線的手法展示了一種主題，一
種意境。線裏滲透著強烈的情感，線的
韻律和節奏如出一轍。史前彩陶、《八
十七神仙卷》是不同時代的作品，而黃
河石上富有生命的線則是大自然的傑
作，道法自然、天人合一是美學的最高
境界。

老甲水墨寫意作品《悄悄話》
　　黃河石簡潔粗獷的圖案，馬家窯彩陶上大氣的神人紋，和水墨大寫
意的風格是那樣的相似。他們之間到底有沒有淵源，是借鑑、是繼承還
是偶然巧合？黃河石乃大自然的產物，而馬家窯彩陶卻是先民的傑作。

黃河石「隴原情」21cm×24cm×9cm
作者收藏

馬家窯文化彩陶罐
中國農業博物館收藏（作者捐贈）

馬家窯文化彩陶壺
作者收藏

青銅鼎（局部）
中國歷史博物館收藏

　　3000年前的周人是否見到了比他們早1000年的馬家窯時期先民製作的彩陶？他們所處的年代不同，材料不同，但是藝術氣息是那樣的相似，人類審美的共性是相同的，人類的文化傳承是有序的。

黃河石「翼龍」29cm×18cm×12cm
作者收藏

　　黃河石和彩陶，一個是億萬年前大自然的傑作，一個是4000年前人類的傑作，載體不同，畫面不同，但韻致是一樣的，好像是同時代出自同一藝術家之手。這一切只因為它們有著同一個母親——黃河。

馬家窯文化水紋盆　　私人收藏

黃河石「猿人像」16cm×18cm×8cm
作者收藏

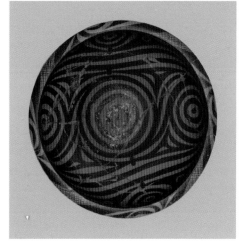

馬家窯文化水紋壺　　私人收藏

黃河石「黃河兒女」29cm×20cm×6cm
作者收藏

　　黃河石上的水紋是火山爆發後岩漿活動形成的變質岩，經過千百萬年的地質運動、自然風化、河水搬運、石沙打磨而形成了絢麗多姿的花紋石。尤其是水紋石上像黃河千層巨浪一樣的花紋，既生動又自然，散發出無盡的詩情畫意。馬家窯文化彩陶上的水波紋、漩渦紋，吸收了黃河石水紋的特點，線條流暢，富於變化，圖案紋飾氣韻飛動，如行雲流水般的妙境。這是原始畫工以黃河水和黃河石創作的水波紋和漩渦紋吧！這是大自然給予他們創作的激情和靈感。

老甲國畫作品

　　意象水墨大寫意畫家老甲的套馬圖展出後，一位山東的朋友送給他一塊黃河石。此石上的圖案和老甲的套馬圖是那樣的相似，這是大自然和藝術家創作思維的偶然巧合嗎？天下的事就是這樣千奇百怪，神秘莫測。

老甲收藏的黃河石

馬家窯文化漩渦紋彩陶壺

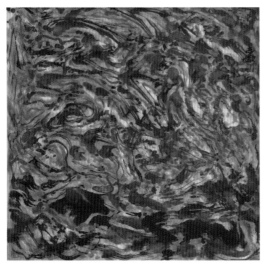

李志欽國畫作品《秋之韻》

甘肅省博物館收藏

　　原始氏族畫工以充沛的激情創作出精美絕倫的彩陶藝術品，令今人為之折服。《秋之韻》的創作把秋天的感覺畫出來了，它的氣息和4000年前先民創作的水的圖案有相似之處，是靈魂與生命的讚歌。這是吸收了史前彩陶藝術中渾融的氣質、迷茫的神韻，使人感覺到作品裏蘊含著深邃的意境，令人回味無窮。

畫家蔣志鑫筆下的牛

黃河石「馬」　　　　　　　　老甲藝術館收藏

　　黃河石上的馬很像潑墨畫，和畫家蔣志鑫先生筆下的牛如出一轍，均顯示出水墨大寫意畫的特點，粗獷有力，痛快淋漓。

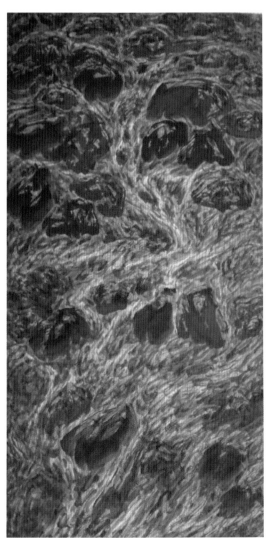

酒泉彩玉　　　　　　　　　　私人收藏

李志欽國畫作品《生生不息》

　　朋友看到我畫冊裏《生生不息》這張中國畫作品後，從甘肅酒泉給我發來一張酒泉彩玉的照片，彩玉上的圖案和我的作品是那樣的相似，兩者氣息也是非常一致，這說明藝術的創作和大自然是相通的。神奇玄奧的大自然造就的奇石文化折射著人間萬象，宇宙千姿，散發著生命的激情和多種多樣的心象訊息。宇宙密碼，需要我們去挖掘，去探索，去領悟。

漢畫像磚
四川省博物館收藏

老甲水墨作品《頑童》

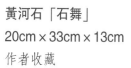

黃河石「石舞」
20cm × 33cm × 13cm
作者收藏

　　黃河石上的人物圖
像和四川省博物館藏的
芟草播種畫像磚人紋圖
像非常相似。人類社會
的一切活動都和大自然
那麼和諧。

黃河石「銀河」17cm × 16cm × 13cm
作者收藏

黃河石「達摩像」23cm × 37cm × 12cm
作者收藏

黃河石「包青天」15cm × 24cm × 10cm
作者收藏

黃河石「西部」32cm × 23cm × 14cm
作者收藏

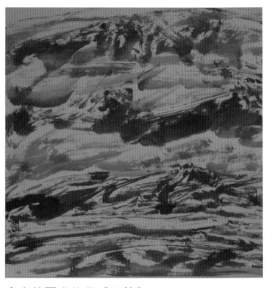

李志欽國畫作品《天籟》

　　作者收藏的黃河石「西部」和國畫作品《天籟》氣息相通，都有一種超脫的玄妙，反映出西部「大音稀聲，大象無形」的超自然美。

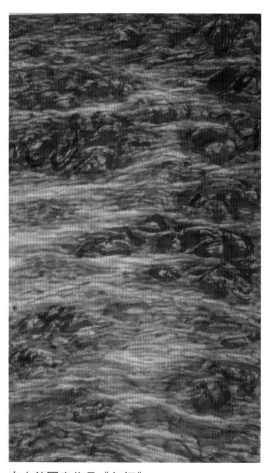

李志欽國畫作品《無語》

馬家窯水波紋罐　　　　　私人收藏

　　水是有生命的，也是有靈性的，所以要畫出它的性格，既有驚濤駭浪又有浪漫柔情。史前先民對水的描繪已達到了出神入化的境界，這是我們取之不盡的創作源泉。

作者收藏黃河石精品鑑賞

「日月同輝」31cm×25cm×20cm

「林韻」20cm×23cm×10cm

葫蘆「福祿」18cm×18cm×18cm

「人」23cm×20cm×14cm

「北溟魚」15cm×17cm×8cm

「鶴舞月明」18cm×24cm×8cm

「天書」
22cm × 30cm × 12cm

「古山水」
29cm × 19cm × 8cm

「鐵拐李」
17cm × 9cm × 10cm

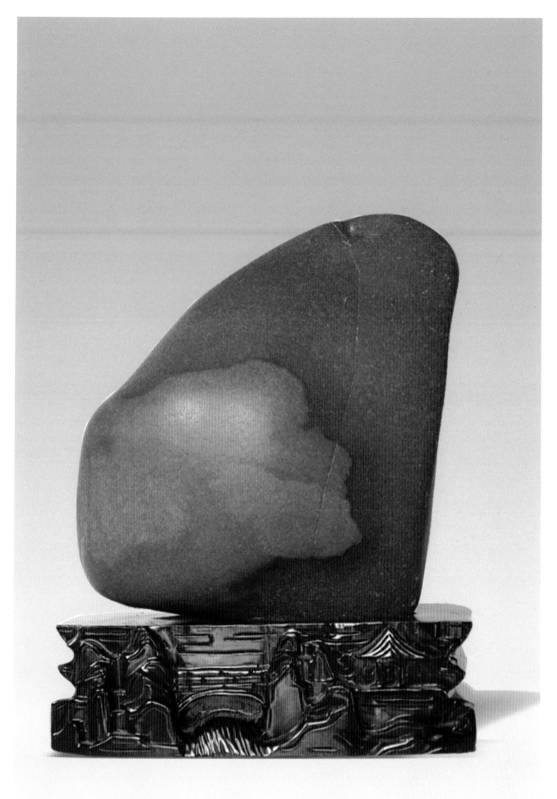

「黃河母親」24cm × 23cm × 12cm

「老夫老妻像」30cm × 21cm × 15cm

「龍鳳呈祥」29cm × 31cm × 9cm

「非洲人」27cm × 33cm × 6cm

「豬八戒與牛魔王」20cm × 30cm × 9cm

「羅漢像」15cm × 20cm × 7cm

「雙根」22cm × 13cm × 8cm（左）

19cm × 7cm × 5cm（右）

後　記

　　由於教學的需要，我對史前彩陶文化產生了濃厚的興趣。從景仰學習到收藏研究，我付出近20年的心血。現在，彩陶收藏悄然升溫，彩陶研究方興未艾，但史前彩陶的實物資料和著述甚少，不能滿足愛好者的需要。尤其是近些年美術院校擴招，課程改革後進一步趨於專業化，而史前彩陶課外資料欠缺，已是不爭的事實。

　　史前彩陶是中國最早的繪畫和工藝美術作品，先民給我們留下了極為豐富和精美的彩陶實物，為美術從業人員和美術院校的師生提供了取之不盡、用之不竭的創作源泉。本著與彩陶愛好者和研究者分享、交流的目的，我萌生了編寫這本書的強烈願望。經多年的收藏研究和整理，我的願望終於實現了。

　　收藏家江思友、王新村、王海東、高潤民、劉蘭生諸先生，我的老師賈浩義先生以及朋友蔣志鑫先生等都十分慷慨地為本書提供了他們的藏品資料，中國農業博物館研究員賈文忠先生特為本書作序。他們的幫助使本書分量陡增，在此我表示誠摯的感謝！車永仁先生審看了本書初稿並提出寶貴意見，萬曉春女士對該書的出版做了不懈的努力。對此我亦心懷感激！

　　需要特別說明的是，本書所收錄的彩陶藏品除國家各級博物館的部分藏品外，其餘全是民間私人藏品，經過嚴格甄選，首次公開發表。由於本人學識有限，史前彩陶研究又是一門新學科，書中的觀點難免存在一些謬誤，望專家學者及彩陶收藏愛好者不吝指正。

李志欽

於京北霍營慧龍居

大展好書　好書大展
品嘗好書　冠群可期

大展好書　好書大展
品嘗好書　冠群可期